HALLE (SAALE)

MICHAEL PANTENIUS

mitteldeutscher verlag

Panorama Halles von Norden mit Rotem Turm, Marktkirche, Moritzkirche und Dom (v. l.)

★ 5 TOP-TIPPS

HÄNDEL-HAUS

Georg Friedrich Händel (1685–1759) ist Halles bedeutendster Sohn. Der Weg des Musikgenies zum großen Europäer wird in seinem Geburtshaus veranschaulicht. Sehenswert ist zudem die Sammlung historischer Musikinstrumente.   S. 21

KUNSTMUSEUM MORITZBURG

Die Mauern der jüngsten Burg an der Saale sind angefüllt mit großer Kunst. Hunderte Meisterwerke der klassischen Moderne stehen im Mittelpunkt. Auch Arbeiten von Lyonel Feininger, der hier in der Burg Werke von Weltgeltung schuf.   S. 27

FRANCKESCHE STIFTUNGEN

Deutschlands traditionsreichste Schulstadt ist wieder, was sie berühmt gemacht hat: ein lebendiger Bildungskosmos. Dazu gehören die einzige erhaltene barocke Kuriositäten- bzw. Wunderkammer der Welt und die Kulissenbibliothek.   S. 87

LANDESMUSEUM FÜR VORGESCHICHTE

Das Museum präsentiert faszinierende Zeugnisse aus 450.000 Jahren Menschheitsgeschichte. Im Zentrum steht die 3.600 Jahre alte „Himmelsscheibe von Nebra", der erste Beleg für die Einsicht unserer Vorfahren in den Lauf der Gestirne.   S. 66

TECHNISCHES HALLOREN- UND SALINEMUSEUM

Halle hat seine Gründung dem Salz zu danken. Das „weiße Gold" hat die Stadt groß, stark und reich gemacht. An die 1.200 Jahre alten Traditionen erinnert nicht nur der Silberschatz der „Salzwirkerbrüderschaft im Thale zu Halle".   S. 99

★ 5 ENTDECKER-TIPPS

MORITZKIRCHE
Ein Höhepunkt der sakralen Baukunst des 14./15. Jh. in Deutschland. Ungewöhnlich sind vor allem die Plastiken des Conrad von Einbeck im Innern: u.a. der Schellenmoritz, Christus an der Geiselsäule und das Porträt des Pfänners Hamer Frunt.   S. 54

BURG GIEBICHENSTEIN
Die älteste Burg an der Saale (Ersterwähnung 961) ist sagenumwoben. Hier weilten Könige und Kaiser, Minnesänger musizierten, und die Romantiker besangen die Anmut der Gegend. Von der Burg hat man einen schönen Blick ins Saaletal.   S. 73

STADTGOTTESACKER
Der schönste Camposanto Europas ist zu jeder Jahreszeit besuchenswert. Hier ruhen Halles verdienstvollste Bürger, z.B. August Hermann Francke, der Mitbegründer der Universität Christian Thomasius und die Eltern Georg Friedrich Händels.   S. 84

BERGZOO
So einen Zoo gibt es nur hier: Artgerechte Anlagen für Tiere aller Kontinente – Schwerpunkt Südamerika – ziehen sich in sanften Bögen um einen steilen alten Weinberg. Überall gibt's etwas zu schauen und für Kinder genug zum Streicheln.   S. 78

STADT DER KÜNSTE
Halle ist eine Stadt der bildenden Künste. Unzählige Künstler, oft Absolventen der Kunsthochschule Burg Giebichenstein, verkaufen in ihren Ateliers und Galerien ihre Werke. Ob Grafik, Ölbild oder Keramik – hier ist für jeden Geschmack etwas dabei.   S. 139

HALLE – GASTLICH UND BEWEGT

Halle ist eine lebenswerte, attraktive Stadt. Hier verweben sich Zeugnisse einer in mehr als tausend Jahren gewachsenen Kultur mit einer lebendigen Gegenwart zu einem eindrucksvollen Mosaik. Ob frühe Menschheitsgeschichte, ob Mittelalter, Renaissance, Reformation oder Aufklärung, ob Gründerzeit oder klassische Moderne – kaum irgendwo in Deutschland findet sich auf solch engem Raum eine derartige Vielfalt kultureller Zeugnisse wie in Halle an der Saale.

Halle ist unbestritten die Kulturhauptstadt des Landes Sachsen-Anhalt. Hier spielen zwölf Theater, Kabaretts und Varietés. Hier befindet sich das Landeskunstmuseum, und zwölf weitere Museen bergen Schätze ihrer großen Vergangenheit. Zahlreiche Galerien bieten Künstlern der Region wie international bekannten Malern und Grafikern ein Podium.

▲ Dutzende Cafés und Szenekneipen locken Einheimische und Gäste
◄ Einer der angesagtesten Szenetreffs: die Kleine Ulrichstraße

7

Zu den zahlreichen Kulturevents zählen die Händel-Festspiele

Halle ist vor allem auch ein Zentrum der Musik. Ein großer, international bekannter Klangkörper – die Staatskapelle Halle – musiziert hier. Das einzige Opernhaus des Landes bietet anregende Inszenierungen. Seit über 50 Jahren kommen zu den Händel-Festspielen Musikfreunde aus aller Welt, um den großen Sohn der Saalestadt zu ehren.

Mit der Martin-Luther-Universität Halle-Wittenberg verfügt die Saalemetropole über eine leistungsstarke Universität mit über 500-jähriger Tradition. Hier hat die älteste arbeitende Gelehrtenvereinigung der Welt, die Deutsche Akademie der Naturforscher Leopoldina, ihren Sitz, sie wurde zur Nationalakademie der Wissenschaften er-

hoben. Zum Bildungssystem zählt die Hochschule für Kunst und Design Burg Giebichenstein ebenso wie die Evangelische Kirchenmusikschule Sachsen-Anhalt, die die älteste ihrer Art in Deutschland ist. Mit der Hauptbibliothek und dem Archiv der weltbekannten Franckeschen Stiftungen besitzt die Stadt Bildungs- und Forschungsstätten zur Geistesgeschichte des 18. und 19. Jahrhunderts.

Dies nicht zuletzt: Halle ist eine grüne Stadt. Die Parks und malerische Partien an der Saale laden zum Verweilen ein. Rund 71 km^2 des Stadtgebietes sind Grün- und Wasserflächen.

Zu den beliebtesten Vergnügungen der Hallenser gehört alljährlich im August das Laternenfest mit Bootskorso auf der Saale und Höhenfeuerwerk. Wo man feiert, wird selbstverständlich auch gut und gern gegessen und getrunken: in den gemütlichen Restaurants wie in den flippigen Szeneschuppen auf den Kneipenmeilen, in noblen Hotels und urigen Pensionen. Typisch hallische Gerichte? Ja, die gibt es. Bierkarpfen beispielsweise, gebackene Holunderblüten, Hallo-ren-Kuchen, Zwiebel- oder Speck-kuchen. Gurken bereitet man in der alten Salzstadt auf ganz besondere Art zu und natürlich Soleier. Nach Letzteren, über Jahrhunderte die Leib- und Magenspeise der Hallo-ren – der „Ureinwohner" Halles –, die sie an hohen Feiertagen selbst dem Kaiser, wie heute dem Bun-despräsidenten, überreichten, muss man ein wenig suchen, aber man findet sie. Halle ist gastlich!

Halloren, Nachkommen der ersten Salzsieder, beim Plausch

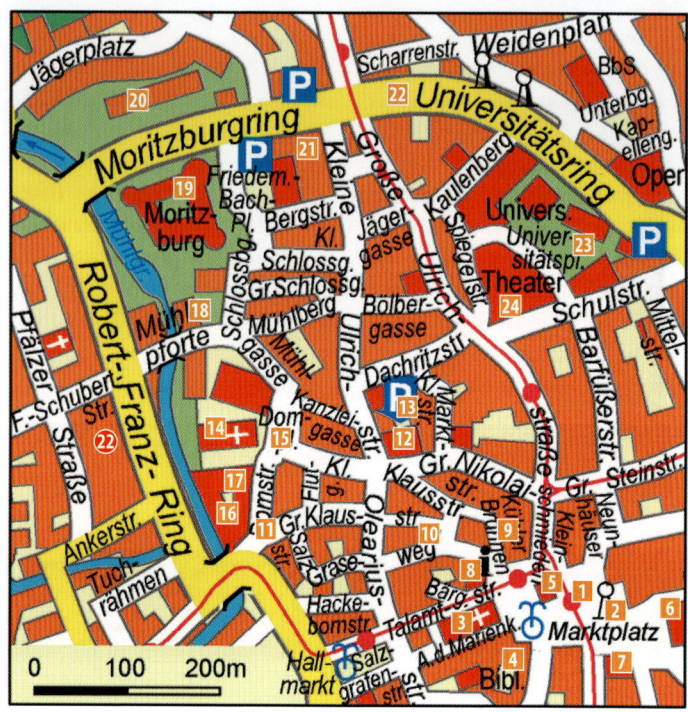

GROSSER RUNDGANG DURCH DIE ALTSTADT

1 MARKTPLATZ S. 10

Halles Marktplatz, in den nicht weniger als 12 Straßen münden, galt über mehr als drei Jahrhunderte als einer der schönsten in Deutschland. Sein Ruhm fußt auf der Silhouette der fünf Türme. Die „Blauen Spitzen" und die „Hausmannstürme" der Marktkirche bilden zusammen mit dem frei stehenden Roten Turm das Wahrzeichen Halles. Diese berühmte

▲ Von seinem Denkmalsockel schaut Georg Friedrich Händel über den Markt

Ansicht der alten Salzstadt wurde u. a. von Lyonel Feininger gemalt. In den Stübchen unter den Hauben der „Hausmannstürme" (Marktplatzseite) wohnte bis 1916 ein Turmwächter mit seiner Familie. Die 83 m hohen „Blauen Spitzen" (Hallmarktseite) haben ihren Namen nach dem Glanz ihrer Schieferdeckung. Sie wurden in den vergangenen Jahren aufwändig gesichert, denn der Südturm neigt sich gegen Südwesten und weicht nun um 2,10 m vom Lot ab! Zur Popularität des Platzes trug auch die bis 1945 weitgehend erhaltene harmonische Gesamtbebauung bei. Die wertvollsten weltlichen Gebäude, das Alte Rathaus (Mitte 15. Jh.) und die Ratswaage (2. Hälfte 16. Jh.) wurden wegen Kriegsbeschädigungen 1948 abgerissen. Das linke, den Platzrand beherrschende Warenhaus wurde 1929/30 für die Kaufmannsfamilie Lewin mit Stilelementen des Bauhauses aufgeführt (Architekt: Bruno Föhre).

Zum 1.200-jährigen Stadtjubiläum 2006 wurde der Marktplatz neu gestaltet, unter anderem mit modernem Pflaster, zeitgemäßer Beleuchtung und einem Brunnen (Südwestseite), der auch mit seinem Namen „Goldsole" und dem Geoskop an die große Zeit der Salzgewinnung in der Stadt erinnert.

Straßenbahn: Markt (1, 2, 3, 5, 7, 8, 9, 10, 11)

Rundfahrten mit der historischen Straßenbahn: Mai–Okt.

Sa 11/13.30 Uhr (ab Stadthaus)

❷ HÄNDELDENKMAL S. 10

1855 gründete sich ein „Verein für das Händeldenkmal", um den größten Sohn der Stadt zu seinem 100. Todestag im Jahr 1859 zu ehren. Die Bestrebungen der Hallenser fanden Unterstützung in ganz Deutschland, aber auch in England, der zweiten Heimat des Komponisten.

Zur Säkularfeier am 1. Juli 1859 wurde die „Erzstatue von 10 Fuß, 4 Zoll Höhe (ca. 3,20 m) auf hohem Postament von Schlesischem Marmor, welches auf polierten Granitstufen emporsteigt" enthüllt. Schöpfer des Denkmals war der Berliner Bildhauer Hermann Heidel (1810–1865). Sein Händel trägt die Tracht des 18. Jh. und schaut in Richtung England. Der Komponist stützt sich auf ein Dirigentenpult, auf dem die Partitur des „Messias" liegt. Die allegorischen Porträts am dreikantigen Pult zeigen die Sänger David und Orpheus sowie die heilige Cäcilie an der Orgel.

❸ MARKTKIRCHE UNSER LIEBEN FRAUEN S. 10

Die Marktkirche Unser Lieben Frauen entstand 1529–1554 aus den jahrhundertealten Kirchen St. Gertruden im Westen und St. Marien im Osten. St. Gertruden (11. Jh.) war die Kirche der Salzleute im „Tal zu Halle", der Gegend um den Hallmarkt, St. Marien (12. Jh.) die der Kaufleute der „Bergstadt", der höher gelegenen Straßen und Gassen um den Marktplatz. Kardinal Albrecht (S. 116) hatte angeregt, die alten Kirchenschiffe abzureißen und die vier Türme zu einer einzigen Kirche zu verbinden. Die Ausführung übernahm Ratsbaumeister Caspar Kraft. Vollendet wurde das Werk durch

▶ Marktkirche: Blick über das Taufbecken zur Orgel auf der Westempore

Ratsbaumeister Nickel Hoffmann. An der südlichen Empore nennt eine Bauinschrift seinen Namen und die Jahreszahl 1554. Die spätgotische Hallenkirche (drei gleich hohe Schiffe, 10 Paare schlanke Strebepfeiler, Spitzbögen, Stern- und Netzgewölbe mit einem frei hängenden Schlussstein) weist bereits Elemente der Renaissance auf (Emporen, Treppen, Arkaden). Sie gilt als Abschluss und Höhepunkt der sakralen Baukunst in Halle.

Halles Bürgerschaft wandte sich bereits in der frühen Phase der Reformation dem Luthertum zu. Protestantischer Geist prägte ihre Hauptkirche. Es fehlt der für den katholischen Messgottesdienst unverzichtbare Chor. Gemäß der Rolle lutherischer Predigt dominiert die Kanzel. Sie ist ein Meisterwerk der Spätgotik (Schalldeckel erst 1595/96 durch H. Heidereitter und H. Lichtenfelser). Die an der Kanzel eingeschlagene Jahreszahl 1541 gilt der Erinnerung an die in diesem Jahr erfolgte Einführung der Reformation in Halle.

Justus Jonas hat in der Marktkirche die erste lutherische Predigt in Halle gehalten und Luther selbst hier dreimal (1545/46) Gottes Wort verkündet. Luthers Leichnam war 1546 auf seinem Weg von Eisleben nach Wittenberg in der Marktkirche aufgebahrt. Der Abdruck seiner Hände und eine Totenmaske sind in der nordwestlichen Turmkammer ausgestellt. An den Reformator

Der Flügelaltar zeigt im Mittelteil Kardinal Albrecht kniend vor der Muttergottes

erinnert auch der 1883 errichtete Gedenkstein an der Außenmauer zwischen den Hausmannstürmen. Weitere Ausstattung: Mehrteiliger, wandelbarer Flügelaltar von 1529 aus der Werkstatt des Cranach-Schülers Simon Franck mit Abbildungen von Heiligen, der Muttergottes und einem realistischen Porträt von Kardinal Albrecht. Taufbecken aus Bronze, gegossen 1430 von Ludolf und Heinrich von Braunschweig in Magdeburg. Orgel auf der Westempore von 1713/1716 (Prospekt: Ch. Cuntius, Werk: Neubau 1984). Kleine Orgel auf der Ostempore von Georg Reichel, erbaut 1663/64 (restauriert); auf diesem Instrument spielte bereits der junge Händel. 1746–1764 wirkte hier Wilhelm Friedmann Bach, der Sohn von Johann Sebastian Bach, als Organist. Monumentalgemälde über der Ostempore: Apostelgeschichte (1593 v. Heinrich Lichtenfelser).

www.marktkirche-halle.de
www.stadtmarketing-halle.de
**Mo.–Sa. 10–17 Uhr, So. 15–17 Uhr
Besteigung der Hausmannstürme:
Mo.–Sa. 15.30 Uhr, So. 11.30 Uhr**

4 MARIENBIBLIOTHEK S. 10

Die 1552 gegründete Marienbibliothek ist die älteste und größte evangelische Kirchenbibliothek Deutschlands. Heute enthält sie ca. 30.000 Bände, darunter befinden sich rund 435 Inkunabeln (Drucke vor 1500). Von besonderem Interesse sind die umfangreichen Sammlungen von Flugschriften des 16. und 17. Jh. und rund 3.500 Titel Halensia. Zum Bestand gehören Bibeldrucke, theologische Literatur und frühe Editionen zu Philosophie, Jura, Astronomie und Astrologie, zur Medizin und anderen Gebieten.

An der Marienkirche 1–3
Tel.: (03 45) 5 17 08 93 • www.halle.de
Mai–Okt. 1. Di. im Monat 15 Uhr und nach Vereinbarung

5 ROTER TURM UND ROLAND S. 10

Das knapp 81 m hohe Bauwerk (Grundmaß: 15 x 10 m) des Roten Turms wurde ab 1418 als frei stehender Glockenturm errichtet. Wie eine im Turmknopf gefundene Urkunde vom Jahr der Einweihung 1506 sagt: „… zur Zierde der hochberühmten Stadt Halle und ihrer ganzen Gemeinheit und sogar der Region". Niederländische und italienische Vorbilder wurden eigenständig umgesetzt. Der freie Stand des Turms symbolisierte in jener Zeit bürgerlichen Gestaltungswillen: Frei wollten Halles Bürger sein, unabhängig von der Macht der Kirche. Den Turmknopf zieren 246 Stacheln zur Abwehr „böser Geister".
Der Name Roter Turm wurde vielfach gedeutet; denkbar ist ein

DAS GLOCKENSPIEL DES ROTEN TURMS

Einweihung 1993 anlässlich der 42. Händel-Festspiele. Lage: 5. Obergeschoss im 10 m hohen Glockenstuhl. Spielwerk: 81 Glocken, Gesamtgewicht 46.500 kg. Die größte Glocke trägt den Namen „Dame Händel" (8.056 kg, Durchmesser 2,36 m). Die kleinste Glocke wiegt nur 10,7 kg; Durchmesser 16,3 cm. Damit besitzt die Stadt, so wird vermutet, das größte Glockenspiel der Welt, ein echtes Carillon, d.h. ein vollwertiges Musikinstrument. 24 Glocken sind für eine elektronische Spieleinrichtung mit Kompositionen von Händel und Volksliedern eingestimmt. **Spielzeiten: tgl. jede volle Stunde, ein- bis zweimal monatlich ein Konzert, zumeist sonnabends 17–18 Uhr.**

Bezug zur Blutgerichtsbarkeit am Roland zu seinen Füßen.

Am 16. April 1945 wurde der Turm durch Granattreffer schwer beschädigt, die Turmspitze stürzte herunter. Die neogotische Umbauung aus dem 19. Jh. fiel im Jahre 1946. 1975/76 erfolgte eine umfassende Rekonstruktion, dabei wurden der Helm und die Ecktürme durch Kopien ersetzt. Seit seiner Grundinstandsetzung 2009 ist es nun wieder möglich, im Rahmen einer Führung, den Turm bis zum Glockenspiel zu besteigen.

Tel.: (03 45) 2 21 30 30 (Stadtmuseum)

In der Nähe des Turms und seines Vorgängers stand der *Roland*. Vor ihm wurde gerichtet – auch mit dem Schwert. Das Symbol der hohen Gerichtsbarkeit wechselte mehrfach seinen Standort im Marktbereich. Heute steht der Roland direkt am Turm (Sandsteinkopie von 1854 nach der 1719 geschaffenen Kopie des hölzernen Originals von 1250). Halles Roland gilt als der einzige „Zivilist" in der Garde der ansonsten uniformierten deutschen Rolandstandbilder.

⑥ RATHOF (NEUES RATHAUS) S. 10

Zur Zeit seiner Errichtung (1928–1930) war der heute an der Ostseite des Marktplatzes frei stehende Rathof nur als Verwaltungsanbau des Alten Rathauses gedacht. Unverkennbar ist der Einfluss der Ästhetik des Bauhauses. Durch den Abriss des Alten Rathauses 1948 geriet das Gebäude aus seiner Hinterhoflage und erhielt eine neue Funktion. In ihm befinden sich seitdem der Sitz des Oberbürgermeisters und Büros der Stadtverwaltung. Das große Wappen der Stadt rechts neben dem heutigen Eingang, Halbmond und Sterne gekrönt von Attributen der sozialistischen Zeit, wurde 1951 vom hallischen Bildhauer Richard Horn entworfen. Die Ecke an der Leipziger Straße schmücken Repliken der

1927/28 geschaffenen und 1940 eingeschmolzenen Bronzeplastiken des Hallenser „Burg"-Lehrers Gustav Weidanz. Fünf über 2 m große Aktfiguren symbolisieren als Männer die Wirtschaft (Industrie, Handel, Bergbau) sowie als Frauen Schönheit und Natur („Badende" für die Stadt am Fluss, „Die Schöne" für die Lage Halles in der Saalelandschaft).

Zur Erinnerung an das 1945 durch Bomben getroffene und später abgerissene Alte Rathaus wurde an der Ecke zur Leipziger Straße ein Modell aufgestellt (Skulptur von Cathleen Meier) und der Grundriss der Loggia des Baues am Originalstandort in das Pflaster des Marktplatzes eingelassen (Bronze, Maya Graber).

Der Paternoster (Baujahr 1970) in der Eingangshalle gehört zu den wenigen noch betriebenen Aufzügen dieser Art in Deutschland.

7 STADTHAUS S. 10

Am Ausgang des 19. Jh. entsprach das Rathaus nicht mehr den Bedürfnissen der aufstrebenden Stadt. So wurde 1891–1894 an der Südseite des Marktes in einer Mischung aus Neogotik und Neorenaissance das Stadthaus errichtet. Rundbögen im Erdgeschoss, drei hohe Rundbogenfenster im oberen Geschoss sowie drei Giebel und ein Turm gliedern die Fassade.

Das Stadtwappen über dem Haupteingang trägt die Jahreszahl 1892. Es zeigt den liegenden Halbmond und zwei sechseckige Sterne. Die Löwen, die das Wappen halten, haben mit der städtischen Heraldik nichts zu tun, wohl aber mit dem Machtanspruch des Industriebürgertums der deutschen Gründerjahre.

Im reich geschmückten, mit prachtvollen Deckenmalereien versehenen Ratssitzungssaal tagte und tagt heute wieder das Stadtparlament. In einem Hochzeitszimmer können sich Paare das Jawort geben.

8 MARKT-SCHLÖSSCHEN S. 10

Der um 1600 errichtete Spätrenaissancebau in der Nordwestecke des Marktes diente stets bürgerlichen Zwecken. Bewohner waren über Jahrhunderte Patrizier – Salzgrafen, Apotheker und Kaufleute. Ein steiler Treppenturm mit Wendelstein, Zwerchgiebel, Gauben und edler Bauschmuck trugen dem mehrfach umgebauten Haus bald den Namen „Schlösschen" ein. Im späten 19. Jh. schlürfte hier das wohlhabende Halle seinen Kaffee, das Ratsarchiv war kurzzeitig hier untergebracht, um 1900 zog eine Eisenwarenhandlung ein, 1920 bis 1929 öffnete die Ratsschänke ihre Pforten ... Nachdem das Gebäude jahrzehntelang die Sammlung historischer Musik-

**TOURISTINFORMATION
IM MARKTSCHLÖSSCHEN**

Marktplatz 13 · Tel.: (03 45) 1 22 99 84
touristinfo@stadtmarketing-halle.de
www.stadtmarketing-halle.de
www.nurbeiuns.de
Mo.–Fr. 9–18 Uhr, Sa. 10–15 Uhr

Außenstelle in der Fährstraße 1
Tel.: (03 45) 5 23 53 11
Mo.–Fr. 10–16 Uhr

instrumente des Händel-Hauses präsentiert hat, sind nun die Tourist-Information, der Info-Punkt mit Uni-Shop der Universität und das Halloren-Café eingezogen.

9 KÜHLER BRUNNEN   S. 10

Versteckt am Ende der schmalen Gasse „Kühler Brunnen", die an der Nordseite des Marktes mündet, liegt das einst bedeutendste Patrizieranwesen der Stadt. Der Kühle Brunnen, sogenannt, weil hier vor Zeiten ein Tiefbrunnen kaltes, klares Wasser gab, wurde 1522–1531 erbaut. Besitzer dieses mehrgliedrigen Stadtpalastes war Hans von Schenitz (1499–1535). Er diente Kardinal Albrecht als Finanzberater, Kunstexperte, Baumeister und Frauenzuführer.

Der Komplex besteht aus mehreren Gebäuden. Hinter dem vorgesetzten Treppenturm und den stattlichen Erkern bildeten zarte Flachbogen über tiefen Gewölben saalartige Gemächer. Den Festsaal und die Erker deckte eine holzgeschnitzte, vielfach vergoldete Rosettendecke, kostbare Türrahmen spiegelten den Kunstsinn des Bauherrn der Frührenaissance.

1664 wurde der gesamte Komplex an die Stadt verkauft. Zeitweise beherbergte das Haus den Universitätsbierkeller. Heute residiert hier das „Hallesche Brauhaus" (S. 127).

10 GRASEWEGHAUS   S. 10

Im spitzen Winkel zwischen Großer Klausstraße und Graseweg steht das wohl schönste Fachwerkhaus der Stadt. Das dreigeschossige Gebäude mit der dem Markt zugewandten Schauseite stammt aus dem 16. Jh. Die Bauweise – Andreaskreuze zwischen den Schwellen, Ständern und Stützelementen des Fachwerks – lässt auf einen niedersächsischen Baumeister schließen.

NÖRDLICHE ALTSTADT

● **Ausgangspunkt:** Marktplatz

🖩 GROSSE KLAUSSTRASSE   S. 10

Illusionswand nennen die Hallenser die künstlerische Gestaltung der Brandmauer des Hauses Große Klausstraße/Ecke Oleariusstraße. Zur Zeit seiner Entstehung (1987/88) hat das Kunstwerk heftige Diskussionen ausgelöst, denn der hallische Maler und Grafiker Hans-Joachim Triebsch hatte mit Hintersinn und Ironie der Gesellschaft den Spiegel vorgehalten. Erinnert wurde in lebhaften Farben an das Lokalkolorit der Saalestadt in den 1920er Jahren, gleichzeitig aber auch an das aktuelle Eingesperrtsein eines ganzen Volkes. Heute gehört das 400 m² große Wandgemälde zu den am meisten fotografierten Motiven in Halle. Auf den ersten Blick hinterlässt das Bild den illusorischen Eindruck einer architektonisch gestalteten Fassade mit Fenstern und mit Leben hinter deren Scheiben.

Ins Auge fällt der *Ackerbürgerhof*, ursprünglich das Anwesen eines Stadtritters, im Haus haben sich wertvolle Stuckdecken aus der Zeit um 1600 erhalten; heute Sitz eines Modeateliers.

Die Illusionswand spielt mit dem Auge des Betrachters

Die Klausstraße endet an der Klausbrücke. Hier stand das Klaustor an der westlichen Ausfallstraße der Stadt. Rechts neben dem abgebrochenen Tor, mit der Front zum Hallorenring, hat sich ein schönes Bürgerhaus erhalten, das *Friedemann-Bach-Haus* (Große Klausstraße 18). 1764–1770 wohnte hier Friedemann Bach, der von 1746–1764 Organist an der Marktkirche war. Er wird der „hallische Bach" genannt. Im Haus wird ein Museum zur halleschen Musikgeschichte eingerichtet; Eröffnung im Herbst 2010.

In der „Schatzkammer" werden u. a. Taufregistereinträge gezeigt

⏁ HÄNDEL-HAUS S. 10
★ TOP-TIPP

Als Georg Friedrich Händel hier am 23. Februar 1685 geboren wurde, gehörten die Gebäude an der Südseite des heutigen Händel-Haus-Karrees zum Gasthof „Zum Gelben Hirschen". Händels Vater, unter anderem Leibchirurg des Herzogs, hatte das um 1550 erbaute Anwesen 1666 gekauft. Vier Jahrhunderte war es in privatem Besitz und hat mancherlei Nutzung erfahren, erst 1937 erwarb es die Stadt und übergab es 1948 als Musikmuseum der Stadt Halle der Öffentlichkeit. Nach Rekonstruktionen, Umbauten und dabei gemachten überraschenden architektonischen Entdeckungen

sowie ständiger Erweiterung der Sammlungen ist es heute die bedeutendste musikhistorische Stätte Halles und Treffpunkt von Musikliebhabern aus aller Welt. Seit 2009 präsentiert sich das Händel-Haus nach mehrmonatiger Umgestaltung in völlig neuem Gewand. Dazu gehören der wiederhergestellte historische Eingang ebenso wie die neu erarbeitete *Ausstellung zum Thema: „HÄNDEL – der Europäer".* Sie zeigt auf 550 m² (14 Räume) etwa 160 historische Exponate, die einen faszinierenden Eindruck vom Leben des großen Hallensers vermitteln. In einer „Schatzkammer" werden seltene handschriftliche Quellen zum Leben des Komponisten, etwa der Eintrag in die Matrikel der hallischen Universität, gezeigt.

◄ Blick in die Musikinstrumentensammlung des Händel-Hauses

Ein Raum als Stadtplan: Hier wird der Lebensweg Händels in Halle erfahrbar

Veranstaltungen der verschiedensten Art und für alle Generationen werden das ganze Jahr über angeboten. Mit einem historischen und einem modernen Konzertsaal können die unterschiedlichsten Ansprüche erfüllt werden.

Die in einem Neubau untergebrachte *Musikinstrumentensammlung*. zeigt Streich-, Zupf-, Blas- und Tasteninstrumente aus Händels Zeit sowie Instrumente der Frühklassik, wie Hammerflügel, Glasharmonika und Orphika, auch Holz- und Blechblasinstrumente der musikalischen Klassik und Romantik.

Große Nikolaistraße 5

Tel.: (03 45) 50 09 02 21

www.haendel-in-halle.de

Di.–So. 10–18 Uhr; Nov.–März 10–17 Uhr

13 HÄNDEL-HAUS-KARREE – MUSIKINSEL S. 10

Das Gelände zwischen Händel-Haus, Kleiner Ulrichstraße, Dachritzstraße und Marktstraße war 1989 eine Ruinenlandschaft, kein Haus war mehr zu retten. Auf der beräumten Fläche entstanden großzügige Neubauten. Eingezogen sind die bislang in der Stadt verstreuten Musikinstitutionen, darunter vier Musikbibliotheken (Händel-Haus, Universität, Stadt, Evangelische Hochschule für Kirchenmusik). Auf der „Insel" sind zudem die Institute für Musikwissenschaft und Musikpädagogik der Universität, der Landesmusikrat und das Collegium Musicum, das Kammerorchester der Universität, zu Hause.

14 DOM

S. 10

Halles turmloser Dom erscheint zunächst bescheiden: Der heutige Baukörper (Länge 68,5 m, Breite 20 m, Höhe 18 m) entspricht wesentlich dem der schlichten, um 1280 errichteten dreischiffigen Klosterkirche der Dominikaner. Die frühgotische Hallenkirche „St. Pauli zum heiligen Kreuz" diente bis 1520 dem Kloster, dann nahm sie Kardinal Albrecht in Besitz, um sie zur Kathedralkirche seines Erzbistums, zum Zentrum sakraler Prunkentfaltung und zu seiner Grabeskirche zu erheben. Die Umbauten der Jahre 1520–1523 im Inneren waren beträchtlich (u. a. Wendelstein, Emporen). Äußere Veränderungen betrafen vor allem die Dachzone. Das Dach wurde abgenommen, die Bruchsteinwände und achteckigen Strebepfeiler erhöht und als Träger der neuen Dach- und Kreuzgewölbekonstruktion ein Rundgiebelkranz aufgesetzt. Er gab dem Bau den heute beeindruckenden, wenn auch ungewöhnlichen Renaissancecharakter. Albrecht ließ den Haupteingang zur Südseite verlegen. Das *Portal* (1525) ist das früheste Renaissancewerk seiner Art in Mittel- und Norddeutschland (Original in der Moritzburg).

Von der Ausstattung des Domes unter Albrecht haben sich wenige, aber wesentliche Teile erhalten. Der Mainzer Bildhauer Peter Schro schuf 17 überlebensgroße *Pfeilerfiguren* aus rheinischem Tuffstein (Christus, Maria Magdalena, Apostel, Heilige). Von Schro stammt auch die *Weihetafel* (1523, nördliches Seitenschiff). Zu den erhaltenen Hauptwerken der gleichen Bild-

DAS HALLESCHE HEILTUM

Bis zum Auszug Albrechts aus Halle (1541) arbeiteten die bedeutendsten Künstler Deutschlands für seinen Dom, unter ihnen Peter Vischer d. J., Albrecht Dürer, Lucas Cranach d. Ä., Matthias Grünewald und Hans Baldung Grien. Ihre Schöpfungen sind heute verstreut. Grünewalds letztes Meisterwerk, das Gemälde „Die Heiligen Erasmus und Mauritius" (um 1520; mit der Darstellung Kardinal Albrechts als Erasmus) ist im Besitz der Alten Pinakothek in München. Verstreut bzw. nicht mehr nachweisbar sind die kostbaren Teppiche, Altäre, die lebensgroße Silberstatue des hl. Moritz, die silbernen Särge, Leuchter und Lampen, die gesamte liturgische Pracht.

Verschwunden ist das mit über 39 Mio. Jahren (!) Ablass ausgestattete sogenannte Hallesche Heiltum, der Reliquienschatz des Kardinals. Um 1520 bestand er aus 42 Körpern von Heiligen, 8.133 Partikeln (später waren es 21.441) in 353 künstlerisch und materiell wertvollen Reliquiaren. Die Reliquien sind im Halleschen Heiltumsbuch von 1526 abgebildet, einer Art Katalog (vermutlich das erste in Halle gedruckte Buch) und ebenso im Aschaffenburger Codex.

hauerschule im Übergang von der Spätgotik zur Frührenaissance zählt die reich geschmückte *Kanzel* (1526 durch Ulrich Creutz). Den Kanzelboden tragen Moses und die vier Evangelisten; Korb und Treppenbrüstung zeigen Petrus, Paulus, Jakobus, Johannes und Judas, den Apostel, bzw. vier große Kirchenlehrer (Ambrosius, Augustinus, Hieronymus, Gregor). Das *Chorgestühl* und die außerordentlich plastisch geschnitzten Brüstungsfiguren sind Arbeiten eines mainfränkischen Meisters.

Der Dom ist seit 1541 evangelisch. Weitere bauliche Veränderungen erfolgten unter dem Administrator Herzog August von Sachsen (1635–1680). Er nutzte den Dom als Hof- und Schlosskirche „Zur heiligen Dreifaltigkeit". In jenen Jahren erfolgten die zum Teil heute noch vorhandenen barocken Einbauten (Altar, Emporen, die Palmwedel-Kartuschen mit Psalmensprüchen an den Emporenbrüstungen, dazu zahlreiche Epitaphe).

1702/03 hatte der Dom einen jungen Organisten: Georg Friedrich Händel. Die Orgel dieser Zeit ist nicht erhalten, 1851 wurde ein Instrument eines hallischen Meisters eingebaut.

Tel.: (0345) 2021379 • www.dom-halle.de
Juni–Okt. tgl. 14–16 Uhr

◀ Im Dom: Blick zur Kanzel und zum Altar

15 DOMPLATZ   S. 10

Zu Zeiten Kardinal Albrechts entstanden am Dom Verwaltungsbauten des Erzstiftes. Erhalten blieb das Gebäude Domplatz 1. Das mächtige Haus wurde zwischen 1530 und 1540 erbaut und war Sitz der Kämmerei des Erzbischofs, später diente es verschiedenen Landesbehörden. Aus der gleichen Bauzeit stammen die dem Dom vorgelagerten Pfarrhäuser. Das spätklassizistische Gebäude Domplatz 4 (errichtet 1839/40) entspricht der Vorbildfunktion der Bauleistungen von Karl Friedrich Schinkel (1781–1841) und steht heute unter Denkmalschutz (Sanierung vorgesehen). Vom Dominikanerkloster haben sich im schmalen Raum zwischen dem Haus Domplatz 4 und dem Dom Reste des alten Kreuzganges erhalten.

16 NEUE RESIDENZ   S. 10

Kardinal Albrecht gründete 1520 als Gegengewicht zum reformatorischen Wittenberg eine katholische Universität, das „Neue Stift". Dazu ließ er das alte Cyriacushospital abreißen und ab 1531 auf dem schmalen, zur Saale abfallenden Gelände südlich des Domes eine weitläufige Bauanlage errichten. Das Material dazu kam u. a. auch aus dem abgebrochenen Kloster Neuwerk. Uralte, handbehauene Steine sind heute noch in der hohen Mauer an der Domstraße zu sehen.

Die Schauseite der Neuen Residenz

Eine klerikale Universität zog jedoch nicht ein; die Gebäude dienten ihm als Stadtpalast. An die Residenz des 16. bis 18. Jh. erinnern nur noch wenige Details. Gut erhalten, wenn auch mehrfach umgestaltet, ist die Kardinalskapelle „Aller Heiligen", die 1537/38 an der Nordostseite zwischen Neuer Residenz und Dom errichtet wurde. Dazu kommen mehrere Türfassungen der Romanik und der Gotik. An Kardinal Albrecht erinnert sein *Wappen* über der Fußgängerpforte zur Residenz.

Die Neue Residenz ist Sitz des Geiseltalmuseums. 1735–2003 waren in der gesamten Residenz Institute der Universität und die geowissenschaftliche Sammlung untergebracht. Zurückgeblieben sind die im Innenhof aufgestellten beeindruckenden Millionen Jahre alten Großfunde aus dem Geiseltal, versteinerte Bäume und riesige Findlinge.

17 GEISELTALMUSEUM S.10

Halles Umgebung bietet mit dem über Jahrhunderte intensiv betriebenen Braunkohlenabbau und dem ehemaligen Mansfelder Kupferschieferbergbau ein klassisches Feld für paläontologische, geologische und mineralogische Forschungen. Das Museum präsentiert Fossilien, die hauptsächlich beim Braunkohlenabbau im Geiseltal gefunden wurden. Bekanntestes Exponat ist

dem Jahre 1582. An der Südostecke zeigen eingelassene Sandsteine die Hochwasserstände der Saale während vier Jahrhunderten.

19 MORITZBURG
★ TOP-TIPP

S. 10

Das in seinen wesentlichen Teilen 1484–1513 errichtete Bauwerk war nicht dazu bestimmt, die Stadt gegen äußere Feinde zu verteidigen, sondern entstand als Residenz der Erzbischöfe von Magdeburg. Am 25. Mai 1503 zog Erzbischof Ernst von Wettin in die Burg; dieser Tag gilt seitdem als Datum der Fertigstellung. Baugeschichtlich steht die dem Schutzpatron des Erzbistums, dem hl. Mauritius, geweihte Moritzburg zwischen Gotik und Renaissance. Sie ist nicht mehr Burg im herkömmlichen Sinn und auch nicht Schloss, hat aber beide Funktionen über Jahrzehnte erfüllt. Auf einer unregelmäßigen Grundfläche von 85 x 72 Metern erhoben sich – geschützt von vier vierstöckigen gewaltigen Kanonenbastionen und einem zweistöckigen umlaufenden Wehrgang – mehrgeschossige Gebäude. Zwei übereinanderliegende Festsäle befanden sich auf mächtigen Gewölbekonstruktionen an der Westseite der Burg. Die Wohngemächer, der Haupteingang und die Maria-Magdalenen-Kapelle bildeten die Nordseite. Die Ostseite wurde schon Anfang des 16. Jh. von einem sechs-

das nahezu vollständige *Skelett eines Urpferdes* aus dem Eozän.

Domstraße 5 • Tel.: (03 45) 5 52 61 35
www.geiseltalmuseum.de
Mo.–Do. 9–12/13–17 Uhr,
Fr. 9–12/13–15 Uhr

18 NEUMÜHLE

S. 10

Der Flussarm zwischen dem Domgelände und der Moritzburg heißt Mühlgrabensaale. Hier lagen einst an mehreren künstlich angelegten Gerinnen zahlreiche Mühlen. Erhalten blieb vom alten Gewerbezentrum die um 1280 von Mönchen angelegte Neumühle. Sie unterstand dem Kloster Neuwerk, nach dem sie ihren Namen führt. Das heute noch erhaltene Haupthaus stammt aus

Im Hof der Moritzburg wird die Verbindung von alter und neuer Architektur deutlich

eckigen Torturm geteilt, hier befindet sich seitdem der Hauptzugang zur Burg. Vom Turm führte zunächst eine hölzerne Zugbrücke über den 20 m breiten und 10 m tiefen dreiseitigen Burggraben. Sie wurde 1517 durch eine feste Brücke ersetzt. Die Gebäude, wie die gesamte Burg vollständig aus Natursteinen errichtet, trugen steile Kegeldächer, die Türme krönten Spitzhelme. Baumeister waren Hans von Packwitz, Meister Hanschke und Andreas Günther. 1513–1541 residierte in der Moritzburg Albrecht von Brandenburg, Kardinal-Erzbischof von Mainz und Magdeburg. Mit der beispiellosen Prachtentfaltung eines geistlichen Renaissancefürsten versuchte er gegen die Reformation zu wirken und

ging damit als Gegenspieler Luthers in die Geschichte ein. Im Dreißigjährigen Krieg (1637), brannten alle Obergeschosse der Moritzburg völlig aus. Umfangreiche Um- und Einbauten erfolgten in den Jahren 1901–1904. An der Südseite wurde eine Nachbildung des 1558 am Hallmarkt gebauten *Talamtes* der Halloren errichtet und 1904 als Städtisches Museum für Kunst und Kunstgewerbe eröffnet. Zwei Räume aus dem alten Talamt, das 1882 abgerissen wurde, zeugen von der hohen Kunst des Tischlerhandwerks. Das *Gerichtszimmer* von 1594 und das *Festzimmer* von 1617 mit ihren prachtvollen Wand- und Deckengemälden wurden in den Neubau integriert. Unter Bewahrung des Charakters der

STIFTUNG MORITZBURG – SAMMLUNGSSCHWERPUNKTE

Gegründet 1885 als Städtisches Museum ist die Moritzburg seit 2003 Stiftung und das größte Kunstmuseum Sachsen-Anhalts. In Halle wurde schon zu Anfang des 20. Jh. moderne Kunst gesammelt und ausgestellt. Bereits vor dem 1. Weltkrieg kamen unter Max Sauerlandt wichtige Werke der damals umstrittenen Expressionisten in die Sammlung, u. a. von Ernst Ludwig Kirchner, Otto Mueller und Max Pechstein. Nachfolgende Erwerbungen wurden in diesem Sinne weitergeführt, und das Museum etablierte sich als ein bedeutendes Zentrum der Moderne. In der NS-Zeit fielen 1937 über 200 Gemälde, Grafiken und Plastiken der Aktion „Entartete Kunst" zum Opfer. Nach dem Krieg richteten sich die Bemühungen des Museums auf die Rückerwerbung verlorener Kunstwerke sowie auf die Ergänzung der reduzierten Bestände. Heute besitzt die Stiftung Moritzburg wieder eine qualitätvolle Sammlung zur Kunst aus der ersten Hälfte des 20. Jh., darunter Werke von Lovis Corinth, Gustav Klimt, Edvard Munch, Lyonel Feininger, Ernst Ludwig Kirchner, Max Beckmann. Dieser Bestand wird bereichert durch Leihgaben wie die Sammlung Hermann Gerlinger, eine der bedeutendsten Privatsammlungen zur Künstlervereinigung „Die Brücke", und die Sammlung Kracht mit herausragenden Werken von Franz Marc.

In der Kunst nach 1945 sind u. a. Künstler wie Hermann Glöckner oder Albert Ebert mit größeren Werkgruppen vertreten. Von Einar Schleef, dem international bekannten Theaterregisseur, bewahrt die Moritzburg den gesamten bildkünstlerischen Nachlass.

Auch im Grafischen Kabinett nimmt die Kunst der ersten Hälfte des 20. Jh. einen zentralen Platz ein. In der Sammlung befinden sich zahlreiche wertvolle Handzeichnungen und Druckgrafiken, darunter allein 90 Blätter von Lyonel Feininger und 40 Arbeiten des russischen Konstruktivisten El Lissitzky.

Die Sammlung Plastik umfasst Werke vom Mittelalter bis zur Gegenwart. Im Mittelpunkt steht die Plastik des 19. und 20. Jh., darunter Arbeiten von Auguste Rodin, Max Klinger, Georg Minne, Wilhelm Lehmbruck, Ernst Barlach und Georg Kolbe. Die Kunsthandwerkliche Sammlung konzentriert sich auf Arbeiten von Künstlern des mitteldeutschen Raumes. Einen wertvollen Bestand bilden Gefäße hallischer Goldschmiede aus der Zeit um 1700. Zur Sammlung gehören aber auch Fayencen, Porzellane, Gläser sowie Studio- und Gebrauchskeramik des 20. Jh.

Das Kunstmuseum des Landes Sachsen-Anhalt besitzt überdies eine bedeutende Sammlung Fotografie. Schwerpunkte sind die Fotografie des „Neuen Sehens", die ostdeutsche Fotografie seit 1945, das Archiv des Fotoforums Kassel mit Fotografie der 1970er Jahre und zeitgenössische internationale Fotokunst.

Das Landesmünzkabinett Sachsen-Anhalt verfügt über eine Universalsammlung von Münzen und Medaillen sowie Geldscheinen. Schwerpunkt sind mittelalterliche und neuzeitliche Prägungen im mitteldeutschen Raum.

Burg entstanden 1912/1914 an der Ostseite weitere Ausstellungsräume. Ausgebaut wurde in jenen Jahren auch der *Torturm*. Er trägt an der Stadtseite das Wappen des Erzbischofs Albrecht von Brandenburg und über dem Eingang eine Skulptur der hl. Katharina. Das Wappen an der Hofseite gehört Albrechts Nachfolger, Johann Albrecht von Brandenburg. Im Turm hatte 1929–1931 Lyonel Feininger sein Atelier. Dort entstand der Zyklus seiner berühmten Halle-Bilder. An den Torturm schließt sich nordwärts ein bereits 1777 errichteter Zweckbau an, der als Lazarett genutzt wurde. Heute ist er Verwaltungssitz des Kunstmuseums. Der Bau der *Maria-Magdalena-Kapelle* (23 x 14 m) wurde ab 1484 bis 1505 unter Erzbischof Ernst

errichtet. Nachfolgend begann die Ausgestaltung, die 1509 mit einem *Schlussstein* (hoch in der Wand, gegenüber dem Altar) beendet wurde. Er zeigt das Wappen der Kirche, drei Salbgefäße als Hinweis auf die Schutzpatronin Maria Magdalena und drei Salzkörbe. Die erstmals in der hallischen Heraldik abgebildeten Körbe verweisen darauf, dass der Bau mit Straf- und Bußgeldern finanziert wurde, die Ernst der Pfännerschaft auferlegt hatte. Das Herz des 1513 verstorbenen Bischofs liegt hier begraben, der Körper ruht im Magdeburger Dom. Erzbischof Johann Albrecht (gest. 1550) und Erzbischof Sigismund (gest. 1566) fanden hier ihre Grabstätte. An der Nordwand der Kapelle ist ein Wappenrelief Albrechts von Brandenburg aus dem

Das Festzimmer von 1607 im Nachbau des Talamtes der Halloren

In der Ausstellungsabteilung „Moderne Eins" sind u. a. Arbeiten von Franz Marc, El Lissitzky, Paul Klee, Wilhelm Lehmbruck und T. Lux Feininger zu sehen

Jahr 1514 angebracht. Die geringe Grundfläche der Kapelle bedingte deren Konstruktion. Errichtet wurde eine umlaufende Pfeilerreihe mit umlaufenden Emporen. Von der Erstausstattung des Gotteshauses ist bis auf die beiden Wappen nichts erhalten geblieben. Sie fiel dem Brand von 1637 zum Opfer. Erst 1690 wurde mit dem Neuaufbau begonnen und die Kapelle nach Jahren profaner Nutzung 1889 wieder ihrer kirchlichen Bestimmung zugeführt: Vorangegangen war eine umfassende Rekonstruktion (Netzgewölbe, neuer Altar, Fenster mit Glasmalereien, Fresken zu den Leben Christi und der hl. Magdalena, Orgel).
www.halle-selk.de/kapelle
April–Sept. Di./Do. 14–18 Uhr

2003 wurde ein internationaler Architektenwettbewerb (Um-/Ausbau des West- und Nordflügels) ausgeschrieben. Der Entwurf des spanischen Architektenpaars Fuensanta Nieto/Enrique Sobejano wurde in dreijähriger Bauzeit umgesetzt und im Dezember 2008 der Öffentlichkeit übergeben. 2010 erhielten die Stiftung Moritzburg und die Architekten den Preis „Kleine Nike" des Bundes Deutscher Architekten für das Bauwerk mit der „besten atmosphärischen Wirkung". Der *West- und Nordflügel*, hier lagen einst die Repräsentationsräume der Erzbischöfe, hat nun eine Aluminium-Dachkonstruktion mit Oberlichtbauten. In den oberen Stockwerken des Neubaus sind Ausstellungsboxen in das Stahlfachwerk der Dachkonstruktion gehängt. Unter dem neuen Dach sind zweigeschossige Großräume entstanden. Hier wird die Sammlung der klassischen Moderne gezeigt. Von der Feininger-Empore auf der Süd-Westseite des Museums – hier werden Gemälde, Skizzen und Fotografien aus dem Halle-Zyklus von Lyonel Feininger präsentiert – bietet ein Panoramafenster einen spektakulären Ausblick auf die Stadt.

Die ständige Ausstellung im Neubau setzt sich fort mit Kunst nach 1945 bis in die Gegenwart. Sie umfasst Werke von drei Künstlergenerationen, deren Schaffen zwischen Nachkriegszeit und unmittelbarer Gegenwart liegt. Dem hallischen Maler Albert Ebert ist ein kleines Turmkabinett in der Nord-Westbastion gewidmet.

Wegbereiter der Moderne aus dem 19. Jahrhundert, wie die Werke deutscher Impressionisten und der Berliner Sezession, sind im historischen *Südflügel* (Talamt) zu sehen, während mittelalterliche Schnitz-

plastik in den *Gotischen Gewölben* der Burg ausgestellt ist.

Moritzburg – Kunstmuseum des Landes Sachsen-Anhalt
Friedemann-Bach-Platz 5
Tel.: (03 45) 21 25 90
www.stiftung-moritzburg.de
Straßenbahn: Moritzburgring (3, 7, 8)
**Di. 10–19 Uhr, Mi.–So./Feiertage
10–18 Uhr**

20 LEOPOLDINA   S. 10

Auf dem Hügel gegenüber der Moritzburg liegt das Haus der Nationalakademie. Es hat eine wechselvolle Geschichte. Nach dem Untergang der Burg 1637 errichtete die Freimaurerloge „Zu den drei Degen" um 1820 auf dem Gelände ein erstes Gebäude, das später mehrfach erweitert wurde und sich in seinem klassizistischen Charakter weitgehend erhalten hat. Nach 1933 wurde die Loge verboten, das Haus enteignet und der Stadt überlassen. Das änderte sich auch 1945 nicht. Zunächst Kulturhaus der Roten Armee, wurde das Tschernyschewski-

---

STELLDICHEIN DER NOBELPREISTRÄGER

1652 in Schweinfurth gegründet, ist Halle seit 1878 Halle ständiger Sitz der Leopoldina. Sie versteht sich als eine internationale Akademie, die ihre Basis im deutschen Sprachraum hat. Sie hatte im Jahr 2009 mehr als 1.300 hervorragende Gelehrte aus über 30 Ländern als Mitglieder, darunter mehr als 30 Nobelpreisträger. Zu den berühmtesten Mitgliedern zählten u. a. der Botaniker Linné, die Naturforscher Alexander v. Humboldt und Charles Darwin, Goethe (mit seiner Arbeit zum Zwischenkieferknochen), der Pathologe Rudolf Virchow sowie der Physiker Albert Einstein.

Haus später der Universität zur Nutzung übergeben.

Der Namen des Hauses bezieht sich auf den russischen Demokraten und Philosophen Nikolai G. Tschernyschewski (1828–1889). 2009 erwarb die *Nationale Akademie der Wissenschaften* den Bau; er wird derzeit rekonstruiert und zum Hauptsitz ausgebaut. Zur Zeit residiert die älteste naturwissenschaftliche Gelehrtenvereinigung der Welt noch in ihrem 1903 erbauten Stammhaus an der Kreuzung August-Bebel-Straße/Emil-Abderhalden-Straße.

Moritzburgring 1 • Tel.: (03 45) 4 72 39 47
www.leopoldina-halle.de

21 JUGENDSTILHAUS S. 10

Nur an einem Haus der Ringbebauung ist die gesamte Architektur vollständig dem Gestaltungswillen des Jugendstils unterworfen. Weil Baukörper und Ornamentik des 1897/98 errichteten Gebäudes eine vollendete Einheit bilden, erhielt es den Namen „Jugendstilhaus". Den bildnerischen Schmuck des dreiseitigen Frieses über den zwei Obergeschosse großzügig umspannenden Bogen an der Frontseite zum Ring entwarf F. Mänike. Der Bildhauer schuf ein Symbol, das beides veranschaulicht: die Hoffnungen der Künstler des Jugendstils und das Bewusstsein der Gefährdung des Humanen. Ein Schwan sitzt zwischen Disteln auf seinem Nest und ihn be-

schleichen Wölfe. Auch in den Mosaiken der Giebel, gestaltet von H. Seliger, herrscht das Bild des Schwans vor. Während er im Sandsteinfries, bereit zur Verteidigung seiner Jungen, wehrhaft den Wolf erwartet, fliegt er in den Mosaiken im weiten Schwung, stolz, majestätisch. Dem weit ausgreifenden Schwung des Schwanenfluges entspricht auch der Schwung der Dachkonstruktion. In den Zwickeln über den oberen Fenstern dominieren die Grundfarben des Jugendstils – Weiß, Gold, lichtes Blau und Grün.

Gegenüber dem Jugendstilhaus befindet sich die Figurengruppe „Eine Begegnung mittendrin" der Schweizer Künstlerin Maya Graber. Sie besteht aus den Plastiken „Frau Roth", „Evi Küchler" und „Hans Bucher".

Große Ulrichstraße 33/34

22 UNIVERSITÄTSRING S. 10

Hier verlief bis etwa 1850 ein Abschnitt der alten Stadtmauer. Nach dem Abriss der Befestigungen entstand zunächst die Alte Promenade, eine grüne Verkehrsader, gesäumt von einer kleinen Parkanlage mit Ruhebänken und Denkmalen.

Der Name Universitätsring wurde 1927 gewählt, weil hier die wichtigsten Gebäude der Alma Mater entstanden waren. Der in ein Transformatorenhaus integrierte ehemalige Zeitungskiosk auf der kleinen Freifläche schräg gegenüber dem Jugendstilhaus belegt, wie der Ratshof am Markt, die Bemühungen der damaligen Stadtväter, der Neuen Sachlichkeit und den Ideen des Bauhauses Raum zu geben.

Auffälligstes Haus in der Straßenzeile bis zur Gasse Am Kaulenberg ist die Nr. 6. Es wurde in seinem sehr massiven Charakter 1890–1892 als Bankgebäude errichtet.

Auf der Grünfläche des Universitätsrings, gegenüber dem Haus Nr. 7, steht seit dem Jahre 1903 ein *Denkmal für Robert Franz* (1815–1892). Den hohen Sockel der von Fritz Schaper geschaffenen Marmorbüste ziert Aoide, die Muse des Gesanges, Lorbeerkränze mit den Namen Händels und Bachs schmücken die Seiten. Franz, in Halle geboren und gestorben, war Organist an der Ulrichskirche, zeitweise auch Universitätsmusikdirektor, vor allem aber Dirigent der Singakademie und Komponist von rund 350 Liedern. Verdienste erwarb er sich auch um die Pflege der Werke Händels und Johann Sebastian Bachs. Die Singakademie des hallischen Musikvereins, 1814 gegründet, trägt seit 1907 seinen Namen und ist seit 1953 Teil der Halleschen Philharmonie (heute Staatskapelle Halle).

Halles einzig erhaltene mittelalterliche Freiplastik, die sogenannte *Betsäule* wurde 1455 vor dem äußeren Galgtor (heute Riebeckplatz) aufgestellt. Später stand sie am

Halles älteste Freiplastik: die Betsäule

Franckeplatz, seit 1970 steht sie gegenüber dem Haus Nr. 6 am Universitätsring. Gestiftet wurde sie zum Dank für Christi Hilfe bei der Überwindung der Pest der Jahre 1449–1452. Sie diente den Fuhrleuten, die hier an Halle vorbei ins Sächsische zogen, zur Andacht. Zum Tode Verurteilte wurden vor ihrer Hinrichtung zu dieser Säule geführt, um ein letztes Gebet zu sprechen. Die auf einem pyramidenförmigen Sandsteinsockel montierte Reliefplatte zeigt unter offenem Maßwerk Christus am Kreuz, umgeben von Maria, Johannes und Maria Magdalena. Die andere Seite erinnert an den Weg Jesu zur Kreuzigung auf Golgatha.

Straßenbahn: Moritzburgring (3, 7, 8)

Nach der 1817 erfolgten Zusammenführung der Universität Halle mit der wesentlich älteren Wittenberger Leucorea (Gründung 1502) ergab sich die Notwendigkeit, für die nunmehrige Vereinigte Friedrichs-Universität ein repräsentatives Zentrum zu schaffen. Auf dem Gelände des ehemaligen Franziskanerklosters entstand ab 1832 das erste Haus eines geplanten Universitätskomplexes.

Hauptauditoriengebäude (Löwengebäude): spätklassizistischer Zentralbau, errichtet 1832–1834 nach Plänen von Ernst F. Zwirner und Wilhelm H. Matthias. Seitenflügel nicht ausgeführt. Freitreppe: Die gusseisernen Löwen sind nach einem Modell des Bildhauers Johann Gottfried Schadow gearbeitet. Sie schmückten bis 1868 den Marktbrunnen. Hier sah sie Heinrich Heine (Denkmal neben dem Löwengebäude von Jens Bergner, 2002) und erwähnte sie in seinem Spottgedicht auf die geistig-politischen Zustände in Preußen und an der einst fortschrittlichen Fridericiana („Zu Halle auf dem Markt, / Da stehn zwei große Löwen. / Ei, du hallischer Löwentrotz, / Wie hat man dich gezähmet!").

Treppenhaus und Wandelgänge: Akantusrankengeländer nach Entwürfen von Karl Friedrich Schinkel, Gelehrtenbüsten von bedeu-

Das Hauptgebäude der Universität

tenden Bildhauern des 19. Jh., u.a. von Christian Daniel Rauch, Christian F. Tieck, Ludwig Wichmann. Die Büsten Luthers und Melanchthons schuf der hallische Burglehrer Gerhard Marcks 1930/31. Über dem oberen Wandelgang Wandmalereien, geschaffen 1883–1888 von Gustav Adolph Spangenberg. Dargestellt sind in einem Fries von zwanzig Gemälden Allegorien der vier klassischen Fakultäten Theologie, Philosophie, Jurisprudenz und Medizin. Aula: Wandgemälde von Peter Cornelius. Originalgemälde mit den Porträts berühmter Professoren und Rektoren; u.a. Ort der gut eingeführten Aulakonzerte.

www.aulakonzerte.uni-halle.de

Besichtigungen des Treppenhauses und der Galerien werktags während des Studienbetriebes möglich. Die Aula, der historische Sessionssaal und der historische Hörsaal sind nur nach Voranmeldung (Zentrale Kustodie, Tel.: (03 45) 5 52 17 33) zu besichtigen. *Universitätsmuseum/ Museum universitatis* und *Kupferstichkabinett* im Löwengebäude. Gezeigt werden Ausstellungen aus dem Kunst- und Kulturbesitz der vereinigten Universitäten Halle und Wittenberg. Zum Kunstbesitz zählen u.a. 11.000 Grafiken des 15. bis 20. Jh., Rektorenbildnisse, Insignien, Rektorenzepter, Gold- und Silberschmiedearbeiten sowie zeitgenössische Kunstwerke, die im Auftrag der Universität geschaffen wurden.

Tel.: (03 45) 5 52 17 33

www.kustodie.uni-halle.de

Di.–Fr. 11–13, 14–18 Uhr, So. 14–18 Uhr

Das *Robertinum* wurde ab 1889 im historisierenden Stil durch Richard Hallmann erbaut. Einweihung 1891 als *Archäologisches Museum* der Universität zu Ehren von Johann Joachim Winckelmann (1717–1768), des Begründers der klassischen Archäologie, 1738–1740 Student in Halle. Seit 1922 zu Ehren des Altertumswissenschaftlers Carl Robert (1859–1922) Robertinum genannt. Im Robertinum befinden sich das Archäologische Museum und die *Münzsammlung* der Universität (Besichtigung nur nach Vereinbarung). Das Archäologische Museum besitzt Gipsabgüsse bedeutender griechischer und römischer Skulpturen und wenige antike Originale. Grundlage der Münzkollektion ist die Sammlung von Prof. J.H. Schulze (1687–1744), der erstmals in Deutschland Vorlesungen zur Numismatik hielt. Bestand der Sammlungen heute ca. 5.000 Prägungen der antiken Römer, Griechen und orientalischer Völker.

Archäologisches Museum

Tel.: (03 45) 5 52 40 18

http://museum.altertum.uni-halle.de

Do. 15–17 Uhr und auf Anfrage, Gruppenführung nur auf Anfrage

Das *Melanchthonianum* (links neben dem Löwengebäude) wurde 1900–1902 als Institutsgebäude durch die Architekten Stever und Thür in bewusster Anlehnung an das Hauptgebäude errichtet. Namensgebung 1911 nach Philipp Melanchthon (1497–1560), Mitstreiter Luthers in der Reformation. Für juristische und nationalökonomische Institute kam um 1910/11 das *Thomasianum* hinzu (Architekten: Robert Huber, Georg Thür). Namensgebung nach Christian Thomasius (1655–1728). Das *Rektoratsgebäude* wurde 1872–1874 erbaut (Architekten Steinbeck und de Ball), die historisierende Fassade stammt von 1911.

Denkmal für Heinrich Heine

Zu den historischen Bauten auf dem Campus kommt das 1996–1998 errichtete *Juridicum*, in dem sich u. a. die Bibliothek der Juristischen Fakultät befindet. Das Kölner Architekturbüro Thomas van den Valentyn und Gernot Schulz wurde für diesen Bau aufgrund der Übereinstimmung von Form und Funktion 2001 mit dem Architekturpreis des Landes Sachsen-Anhalt geehrt. Die beiden Architekten und die Architektin Annette Hillebrand zeichneten auch für den Bau des *Auditorium Maximum* (2000–2002) und die Gestaltung der *Freitreppenanlagen* verantwortlich, mit der die Neugestaltung des innerstädtischen Campus abgeschlossen wurde. Das Gesamtensemble erhielt die Auszeichnung zum Deutschen Architekturpreis 2003. Vom halleschen Uniplatz heißt es, er zähle zu den schönsten in Europa.

Zur Erinnerung und zur *Mahnung an die Bücherverbrennung* im Mai 1933 wurde 2008 nahe dem Heine-Denkmal eine Gedenktafel in den Boden eingelassen.

Vor dem Robertinum befinden sich eine *Gedenktafel für Anton Wilhelm Amo*, ab 1727 erster afrikanischer Student der Universität und Europas, und die *Plastikgruppe „Afrikanisches Studentenpaar"* (1964/65, Gerhard Geyer).

Wenige hundert Meter vom Universitätsplatz liegen die Gebäude der *Universitäts- und Landesbibliothek Sachsen-Anhalt* (August-

Bebel-Straße 13/50) Das Hauptgebäude (Nr. 50) wurde 1878 durch Ludwig von Tiedemann als Magazinbau errichtet, in beispielhafter Trennung von Literaturaufbewahrung und -nutzung. Die größte wissenschaftliche Allgemeinbibliothek in Sachsen-Anhalt verfügte Anfang 2010 über etwa 5,5 Mio. Bestandseinheiten, darunter bedeutende Sondersammlungen mit Handschriften und Wiegendrucken (Drucke vor dem Jahr 1500).

Tel.: (03 45) 5 52 21 66

www.bibliothek.uni-halle.de

Hauptlesesaal: Mo.–Sa. 8–23 Uhr, So. 14–23 Uhr

Führungen: jeden ersten Sa. im Monat, 11 Uhr

24 KULTURINSEL   S. 10

Am Westrand des Universitätsplatzes beginnt die sogenannte Kulturinsel im Häuserkarree Universitätsplatz, Schulstraße, Große Ulrichstraße, Spiegelstraße. Kern der „Insel" ist das nt, das *neue theater* – Schauspiel der Stadt Halle mit dem angeschlossenen Schauspiel-Studio und dem Riff Club. Zur „Kulturinsel" gehören weiterhin das *café nt*, *Strieses Biertunnel* (Künstler- wie Studenten- und Dozentenkneipe) und das preisgekrönte *Puppentheater* mit sehenswerten Aufführungen auch für Erwachsene. Am Universitätsplatz 2, beim Hintereingang des neuen theaters, befinden sich zwei Denkmale. Das *Curt-*

Probe für das Sommertheater im Innenhof des neuen theaters

THEATER AUF DER KULTURINSEL

Das neue theater, kurz nt, wurde 1981 in den „Kaisersälen", einem Vergnügungs-etablissement der Gründerjahre und späterem Kino, eröffnet. Das nt, lange Jahre von Halles Ehrenbürger Peter Sodann geleitet, erwarb sich durch seine Insze-nierungen zeitgenössischer Dramatik, durch seine kritischen Revuen zur DDR-Geschichte und durch beispielhafte Aufhebungen klassischer Dramen zu Zeiten der DDR einen legendären Ruf. Inzwischen ist aus den baulichen Provisorien der ersten Jahre eine Schaubühne geworden, die auch technisch nicht den Vergleich mit anderen Bühnen Deutschlands zu scheuen braucht. Herz des Hauses ist der „Große Saal", gespielt wird auch auf kleineren „Brettern", u. a. auf dem „Riff", in der „Werft" und im „Zwischendeck". Ein Hoftheater findet im Sommerhalbjahr (vor allem mit Schwänken und Volksstücken) und um die Weihnachtszeit (besinn-liche halbe Stunden für Familien und Kinder) statt.

Das Puppentheater – zeitweise ein Teil des nt – feierte bereits im Jahr 2004 das fünfzigste Jahr seines Bestehens. Ursprünglich ein traditionelles Puppentheater für Kinder, entwickelte sich das Ensemble zu einem internationalen Künstlerthe-ater für alle Altergruppen. Die Inszenierungen verbinden die Puppenspieltraditi-onen mit klassischem wie avantgardistischem Schauspiel. Aller zwei Jahre treffen sich führende Puppenbühnen in Halle zum internationalen Festival „PUCK".

Striese-Denkmal am neuen theater

Goetz-Denkmal (Michael Weihe, 2004) ehrt den einst meistgespielten deutschen Theaterautor. Curt Goetz (1888–1960) hat seine Kindheit und Jugend in Halle verbracht und in sei-nen Erinnerungen humorvoll davon erzählt. Das *Striese-Denkmal* (Lothar Sell, 1994) ehrt eine Kunstfigur aus dem Schwank „Der Raub der Sabi-nerinnen" der Bühnendichter Franz und Paul von Schöntan. Emanuel Striese, der Direktor einer Schmieren-bühne, steht für alle Besessenen, die eine Schauspieltruppe zusammen-bringen und zusammenhalten.

Tel.: (03 45) 2 05 00
www.kulturinsel-halle.de
www.buehnen-halle.de
Straßenbahn: Neues Theater (3, 7, 8)

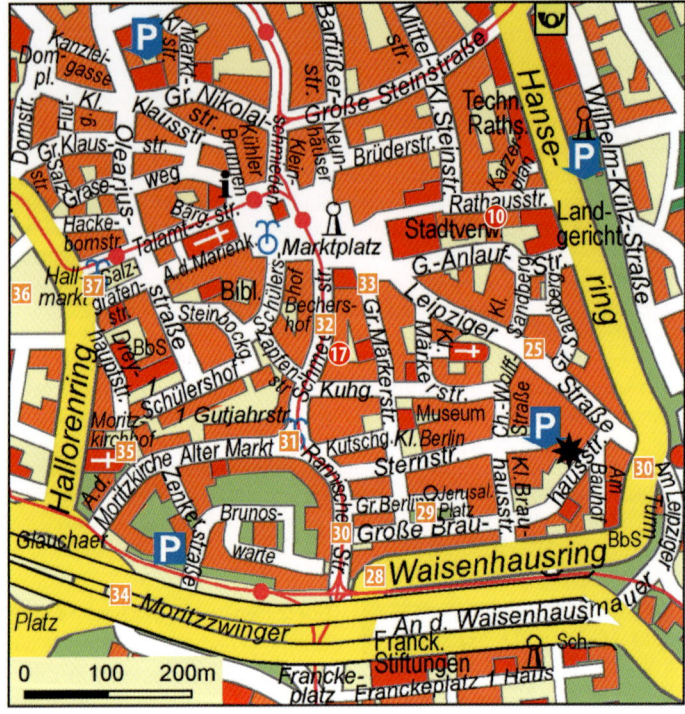

SÜDLICHE ALTSTADT

● **Ausgangspunkt:** Marktplatz

25 DIE UNTERE LEIPZIGER STRASSE S. 40

Rechts neben dem Rathaus mündet die Leipziger Straße auf den Markt. Sie ist eine wichtige Einkaufsstraße, hier sind alle großen Filialisten und Ketten vertreten.

Stolpersteine: Vor einigen Häusern dieser Straße wurden – wie vor anderen in der Stadt – sogenannte Stolpersteine in das Pflaster eingelassen. Die 10 x 10 cm großen Steine tragen Messingtafeln mit den Namen sowie den Geburts- und Todesdaten von Hallensern, die in der Zeit des Faschismus wegen ihrer Rasse oder Religion vertrieben und ermordet wurden. Die Stadt Halle hat sich 2003 diesem Projekt des Kölner Künstlers Gunter Demnig angeschlossen.

Konzerthalle Ulrichskirche: Die aus dem Gotteshaus des ehemaligen Servitenklosters (Baubeginn 1339) hervorgegangene 1531 vollendete zweischiffige, querschiffslose turmlose Hallenkirche wurde 1975/76 zu einer Konzerthalle umgebaut. Dabei gingen wertvolle Bauteile verloren. In der Kirche beeindrucken das mit Blumenornamenten und Rankenmalereien geschmückte Netzgewölbe und der rekonstruierte Prospekt der nicht mehr spielbaren *Förner-Orgel* (1675) auf der Westempore. Das Tympanon über dem Portal mit der Darstellung des Marientodes entstand im 14. Jh. Sehenswert sind die neuzeitliche *Tür im Nordportal* (Irmtraud Ohme) und die große Reliefplatte, die Gerhard Geyer zur Erinnerung an den Maler *Matthias Grünewald* schuf, der 1528 in Halle starb. Die Ulrichskirche hatte bedeutende Prediger und Organisten, u. a. August Hermann Francke und Robert Franz. Am Pfarrhaus hinter der Kirche (Kleine Brauhausstraße 26) erinnert eine Gedenktafel daran, dass August Hermann Francke an der Ulrichskirche seine letzte Pfarrstelle hatte und 1727 im Haus gestorben ist.

Tel.: (03 45) 2 21 30 21

Nur zu Konzerten geöffnet

Seit 20 Jahren ist die Konzerthalle (Sauer-Orgel von 1980) im Mai Schauplatz eines internationalen Kinderchorfestivals. Jährlich finden etwa 150 öffentliche Konzerte statt. Die vier Bronzeakte am *Brunnen vor der Konzerthalle* (Gerhard Lichtenfeld, 1976) stehen für die Musen der Musik, der Literatur, des Tanzes und der bildenden Künste.

Das *Denkmal für Zither-Reinhold* auf dem kleinen Platz an der Einmündung der Großen Brauhaus-

Untere Leipziger Straße mit Zither-Reinhold-Denkmal

straße erinnert an Reinhold Lohse (1878–1964), das bekannteste hallische Original. Sommers wie winters spielte der kleine Mann mit dem kindlichen Gemüt vor den Hauseingängen der Geschäftsstraßen und auf dem Markt auf seiner Zither. Der Brunnen wurde 2004 vom Bildhauer Wolfgang Dreysse geschaffen. Die kleine Figur zeigt Zither-Reinhold, wie ihn die Hallenser kannten, die große Figur dagegen, wie er sich vielleicht selbst sah: als Sänger von antiker Größe.

Der um die Mitte des 15. Jh. errichtete *Leipziger Turm* ist der letzte repräsentative Zeuge der alten Stadtbefestigung. Vom 44 m hohen Söller konnte der Galgberg (heute Riebeckplatz) überschaut und die Stadt vor anrückenden Feinden gewarnt werden.

Der kreisrunde Turm ist aus Bruchsteinen aufgeführt. Seine Mauerstärke beträgt unten 2,80 m, der Innenraum misst 3,30 m. Die spitzbogige Eingangstür auf der Stadtseite und die Ausguckfenster in den Stockwerken sind in ihrem gotischen Ursprung gut erhalten. Eine Zutat der Renaissance (1573) ist die sogenannte welsche Haube mit vier Lukarnen (franz. Dachfenster) und die Laterne (Krönung der Haube mit einem turmartigen Aufsatz).

Die Obere Leipziger Straße führt zum Riebeckplatz und zum Hauptbahnhof.

▶ **ABSTECHER**
ZUM RIEBECKPLATZ UND
ZUM SCHOKOLADENMUSEUM

26 RIEBECKPLATZ   S. 82

Das heutige Gesicht des Platzes, er wurde benannt nach dem Industriellen, Braunkohlenmagnaten und Gründer der spezifischen Industrielandschaft in Mitteldeutschland Carl Adolph Riebeck (1821–1883), ist das Ergebnis der vollständigen Umgestaltung ab 2002. Dabei wurden die Verkehrsführung geändert und fast alle Ein- und Umbauten der Jahre 1964/65 (damals Thälmannplatz) beseitigt. Verschwunden sind die sogenannten „Fäuste" (1971) die als „Monument der revolutionären Arbeiterbewegung" galten. Ein langer Fries erinnert heute an 42 Persönlichkeiten, die Halle nachhaltig geprägt haben (Gestaltung: Prof. Helmut Brade).

1840 wurde die Eisenbahnstrecke Magdeburg–Leipzig eröffnet. Dem Stadtrat Ludwig Wucherer (1790–1861), nach dem heute eine der großen Verkehrsadern der Stadt benannt ist, ist es zu verdanken, dass sich die Verantwortlichen entschlossen, die Strecke über Halle zu führen. Durch den zügigen Ausbau weiterer Anschlussbahnen nach Erfurt (1841), Berlin (1859) und Kassel (1866) wurde der *Hauptbahnhof* bis zur Gründung des Deutschen Kaiserreiches 1871 bedeutendster

Der Riebeckplatz ist das Eingangstor Halles für Bahnreisende

Eisenbahnknotenpunkt in Mitteldeutschland.

Das heutige Empfangsgebäude (eine Glas-Eisen-Konstruktion auf Sandsteinsockel) stammt aus dem Jahr 1890. Nach verschiedenen Verfälschungen und modernistischen Ein- und Vorbauten der vergangenen Jahrzehnte, präsentiert sich der Baukörper wieder weitgehend in seiner ursprünglichen äußeren Gestalt.

Straßenbahn: Hauptbahnhof (2, 4, 5, 7, 9, 12)

27 HALLOREN SCHOKO-LADENMUSEUM S. 82

Halles Schokoladenfabrik ist die älteste in Deutschland, sie produziert seit 1804 die süßeste Versuchung der Welt. Den Namen „Halloren" trägt sie seit 1952, und seitdem ist sie auf der Erfolgsspur. Bereits 1995 wurde die modernste Schokoladen-Produktionsstraße Europas in Betrieb genommen. Auf ihr entstehen u. a. die „Original Halloren Kugeln"; Milliarden sind seitdem in alle Welt gerollt.

Im Mittelpunkt des *Schokoladenmuseums* steht ein ganz besonderer Raum – das Schokoladenzimmer. Das ist ein originalgetreu nachempfundener Biedermeier-Salon, dessen gesamtes Interieur, einschließlich der Wände und Decken, vollständig aus verschiedenfarbigen Schokoladen und Marzipan angefertigt wurde. Tische, Stühle, Vasen, Leuchter, Kerzen, Tassen, Löffel, Bücher, eine Violine, die Porträtbilder an den Wänden u. v. a. m. – eine faszinierende Illusion des Schlaraffenlandes. 1.400 kg Kuvertüre und 300 kg Marzipan haben die Chocolatiers hier meisterhaft verarbeitet.

Das ist nicht alles: In der 2009 eröffneten Schokoladen-Galerie stehen weitere Meisterwerke aus dem dunklen „Werkstoff". Unter anderem Nachbildungen des Händel-Hauses und des Leipziger Turms

▶ Ein Paradies für Süßmäuler – das 27 m² große Schokoladenzimmer

(bis zu 1,5 m hoch und bis zu 50 kg schwer).

In weiteren Räumen des Museums wird ausführlich über die Geschichte des Kakaos, seinen Transport aus Übersee und seine Verarbeitung in den vergangenen Jahrhunderten informiert. In einer gläsernen Manufaktur kann man beobachten, wie heute produziert wird. Im „begehbaren Pralinenkasten" erfährt man alles über die Präsentation des „süßen Goldes" einst und jetzt.

Genascht werden darf im Museum zwar nicht, dafür gibt es einen Shop, in dem das gesamte Produktionssortiment verkostet bzw. gekauft werden kann.

Delitzscher Straße 70
Tel.: (03 45) 5 64 21 92 • www.halloren.de
Straßenbahn: Fiete-Schulze-Straße (7)
**Mo.–Fr. 9–18.30 Uhr, Sa. 9–16 Uhr,
So./Feiertage 11–17 Uhr
Führungen stündlich zwischen
11–16 Uhr**

EXTRATIPP: Wer von den süßen Verführungen im Schokoladenmuseum noch nicht genug hat, der kann sich zu einem *Pralinenseminar* anmelden. Erfahrene Chocolatiers vermitteln hier den Teilnehmern Kenntnisse und Fertigkeiten in der Confiserie und geben Anleitung zur Komposition eigener Kreationen.

Reste der Stadtmauer am Waisenhausring – im Zuge der Stadterweiterung im 19. Jh. ist der Großteil abgerissen worden, um Promenaden Platz zu machen

28 WAISENHAUSRING S. 40

Auf dem Gebiet des heutigen Waisenhausringes befanden sich einst Anlagen der Stadtbefestigung. Im Laufe des 19. Jh. verschwanden diese Zeugen mittelalterlicher Wehrhaftigkeit. Nur zwischen der Goetheschule und der Kleinen Brauhausstraße hat sich ein Mauerrest erhalten.

Fachwerkhaus (Nr. 11): Das schmale zweistöckige Gebäude wurde 1853 auf den Fundamenten eines abgebrochenen Schalenturms errichtet.

Hinter der Hochstraße erstreckt sich das Gelände der Franckeschen Stiftungen (S. 87).

29 JERUSALEMER PLATZ/ GROSSE BRAUHAUS- STRASSE S. 40

Seit dem frühen 17. Jh. hieß das gesamte etwa 40 x 90 m umfassende Areal Großer Berlin. Vor wenigen Jahren aber erhielt die kleine Grünanlage in seiner Mitte den Namen Jerusalemer Platz. Hier steht die *Jüdische Gedenkstätte.* Sie erinnert an das Schicksal der jüdischen Mitbürger in der Zeit des Nationalsozialismus. Das aus gelben Ziegeln gemauerte Portal mit dem eingelassenen Gitter ist dem der Synagoge nachgebildet, die bis 1938 in unmittelbarer Nähe stand. Das Mahnmal wurde am 50. Jahrestag der sogenannten „Reichspogromnacht", am 9. November 1988, eingeweiht.

Die Häuser auf der Südseite des Platzes gehören zur Großen Brauhausstraße. Wichtigstes und zugleich ins Auge fallendes Gebäude ist das sogenannte *Riesenhaus*. Es hat seinen Namen von den beiden mächtigen Gestalten (Atlas, Herkules), die die barocke Türbekrönung stützen. Deren lateinische Inschrift lautet in deutscher Übertragung: „Mit Gewicht. Maß. Zahl. – Wir werden getragen vom höchsten Beweger. Apostelgeschichte 17, V. 28. – Solide. Zweckmäßig. Schön. Errichtet Friedrich Mateweis dieses Gebäude im Jahr des von der Jungfrau Geborenen 1697."

Jüdische Gedenkstätte

Zu neuem Glanz kam das Haus unter der Medizinerfamilie Meckel, die hier ab 1799 residierte. Johann Friedrich Meckel (1781–1833) vervollständigte hier das später in ganz Europa berühmte anatomische Kabinett der Gelehrtendynastie (S. 65). *Niemeyerhaus (Nr. 15):* Das Gebäude links neben dem Riesenhaus, erbaut in der 1. Hälfte des 18. Jh., aber im 19. Jh. stark verändert, war zwischen 1787 und 1813 geistiger Mittelpunkt der Stadt. Hier lebte und arbeitete August Hermann Niemeyer, Professor der Theologie, Direktor des Franckeschen Waisenhauses und Kanzler der Universität. Im Salon seines Hauses trafen sich die führenden Männer der Wissenschaften und der Künste, u. a. Goethe (1802) und Schiller (1803). Die Plastik am Haus zeigt einen heute vergessenen antiken Philosophen.

30 RANNISCHE STRASSE
S. 40

Im 11. Jh. gehörte die Rannische Straße zu den wichtigsten Straßen der Stadt. Sie war Teil der Salzstraße in Richtung Süden, durch sie rollten die Fuhrwerke der Fernhandelskaufleute und an ihr lagen Patrizierhäuser und Ausspannhöfe. Aus dieser Zeit ist nichts erhalten. Das heute älteste Haus wurde im 16. Jh. erbaut. *Gasthof „Goldene Rose" (Nr. 19):* Als Ausspannhof wurde das Anwesen bereits 1479 urkundlich erwähnt, der heutige Bau stammt aber aus dem Jahre 1593, in den Voluten über dem Portal steht zu lesen: „Dis Haus sted in Gottes Hand zu der gulden Rosen ist es genand. 1596". In der „Goldenen Rose", die mit Unterbrechungen bis 1990 als Gaststätte genutzt wurde, haben sich eine historische Bohlenstube des 16. Jh., Kassettendecken und Treppengeländer erhalten. Die Rekonstruktion ist vorgesehen.

Rokokohaus (Nr. 17): Entstanden zwischen 1750 und 1760, ist dieser Bau der letzte, an dem die einstmals auch in Halle verbreitete Muschel-Ornamentik noch zu sehen ist. Die Holzgalerie auf der Hofseite des Hauses (einsehbar von den kleinen Grünanlagen hinter Brunos Warte) ist wohl das letzte gut erhaltene Zeugnis dieser einst in Halle vielfach anzutreffenden Architektur.

Renaissancehaus (Nr. 9): An der Ecke zur Großen Brauhausstraße hat ein Haus die Zeiten überdauert, an dessen Sims die Bauinschrift verkündet, dass es im Jahre 1540 errichtet wurde. Noch bis in die 1970er Jahre wurde es als Wohnhaus genutzt, der wohl im 19. Jh. eingebaute Laden ebenso. Erste Sicherungsarbeiten setzten 1989/90 ein, sie galten dem hohen, auf zwölf Rundbögen ruhenden Stufengiebel, den Rundbogennischen über dem Gesims und dem Dach. Inzwischen ist das gesamte Haus vorbildlich restauriert.

31 ALTER MARKT MIT ESELSBRUNNEN S. 40

Der T-förmige Alte Markt und seine unmittelbare Umgebung werden oft als ältester Siedlungskern der Stadt bezeichnet. Bewiesen ist die These nicht, Historiker sehen auch den Hallmarkt und den Domhügel dafür an. Zumindest war im Mittelalter der Alte Markt Zentrum der Stadt. Hier stand das erste Rathaus und hier lag die Michaeliskapelle, die älteste Pfarrkirche Halles. Sie war dem deutschen Nationalheiligen Michael geweiht. Ihre Reste wurden erst 1906 abgebrochen. Am Alten Markt lagen, umgeben von den Eigenbefestigungen der Feudalen, den sogenannten Ritterhöfen, die Häuser der ange-

Kaufmannsfigur am Haus 26/27

Das Beatles Museum feierte 2010 sein 10-jähriges Bestehen am Standort Halle

sehensten Bürger. Das waren die Ratsherren und Pfänner, auch die Fernhandelskaufleute.

Seine Bedeutung verlor das alte Handelszentrum erst nach der zweiten großen Stadtummauerung im 12. Jh. und mit der Herausbildung des neuen Marktplatzes.

Nr. 26 und 27: Das mehrfach umgestaltete Bauensemble des frühen 17. Jh. beherbergte einst das Gasthaus „Zum goldenen Pflug". Im 19. Jh. war es eine beliebte Studentenkneipe, später Domizil der Künstlervereinigung „Auf dem Pflug". Die Figur an der Ecke zum Schülershof stellt einen Kaufmann dar; gestiftet vom Ladenbesitzer Hermann Luther im Lutherjahr

1933. Wenige Meter weiter erinnert eine eingemauerte vergoldete Kanonenkugel an die Beschießung Halles durch napoleonische Truppen am 28. April 1813.

Nr. 12: Erbaut 1708. 1895 von der Witwe eines höheren Justizbeamten der Stadt als Stift für unverheiratete Töchter von Richtern und arme Mädchen gegründet. Das Assessor-Müller-Stift ist heute Sitz des 1964 in Köln gegründeten *Beatles Museums.* Es ist seit April 2000 in Halle ansässig und zeigt in 16 Räumen die weltgrößte Sammlung von Sachzeugnissen zu den „Fab four" aus Liverpool. Zu den Exponaten gehören Dokumente aus den ersten Jahren der Beatles, ihre frühen Platten, ganz

DIE SAGE VOM ESEL, DER AUF ROSEN GEHT

Einst wollte Kaiser Otto I. seine Stadt Halle besuchen. Die Bürger bedeckten daher den Straßenzug vom Rannischen Tor zum Alten Markt mit Rosen. Doch der Herrscher, durch Hochwasser gehindert, nahm einen anderen Weg in die Stadt. Durchs Rannische Tor trieb stattdessen ein Müllerbursche seinen beladenen Esel über den Rosenteppich. Den Hallensern gefiel das so gut, dass sie beschlossen, die beiden zu ihrem Wahrzeichen zu machen. Unter das Bildwerk schrieben sie: „Die Arbeit und den Nutz darin zu Hall besteht das Salzwerk zeiget an, der hier auf Rosen geht."

private Fotos und Originalfilmrollen mit Aufnahmen von Beatles-Konzerten und -Besuchen in aller Welt. Im Film- und Vortragsraum wird manches davon gezeigt. Ausgestellt sind die frühen Souvenir-Artikel und sie späteren Devotionalien. Im Museums-Shop gibt es alles Aktuelle zum Thema Beatles zu kaufen.

Tel.: (03 45) 2 90 39 00

www.beatlesmuseum.net

Di.–So./Feiertage 10–20 Uhr (Einlass bis 19 Uhr)

Nr. 31: Dreistöckiges, dreizehn Gebinde breites Fachwerkhaus im niedersächsischen Stil mit einem Fries aus Andreaskreuzen, erbaut um 1550. Ladeneinbau um 1900. 1985 durch eine Bürgerinitiative vor dem Abbruch gerettet und 1986/88 rekonstruiert. Die flankierenden überputzten Fachwerkhäuser und die Reste des ehemaligen Rathauses am Alten Markt wurden

◄ Müllerbursche und Esel – Detail des Brunnens auf dem Alten Markt

1985 abgerissen. Auf ihren Grundrissen entstand die in die Schmeerstraße hineinragende Neubauzeile.

Nr. 7 und 8: Das Bauwerk ist das älteste am Platz, sein romanischer Ursprung wurde durch Ausgrabungen nachgewiesen. Was heute wie zwei Gebäude wirkt (und rechtlich auch so ist), gehörte ursprünglich zusammen. Mehrfache Umbauten haben sein Aussehen verändert. Im 16. Jh. befand sich hier der Gasthof „Zu den güldenen drei Kronen". Das Portal ist Zutat des Barock. Durch Aufstockung der heutigen Nr. 8 (1858) wurde der Renaissancegiebel verkürzt, das Haus erhielt eine klassizistische Fassade. Den *Eselsbrunnen* schmückt seit 1913 die plastische Darstellung der alten hallischen Sage vom Müllerburschen mit dem Esel, der auf Rosen geht. Bildhauer: Heinrich Keiling (1856–1940). Der Brunnen ist – wenngleich auch nicht in seiner heutigen Gestalt – der älteste der Stadt. Hier stand schon 1480 der erste öffentliche Brunnen.

32 SCHMEERSTRASSE S. 40

Vom Eselsbrunnen führt die Schmeerstraße zum Markt. Schmeer bzw. Schmer, so weist es der Duden aus, bedeutet Fett, besonders rohes Schweinefett, das sich zu Schmalz verbraten lässt. In der Schmeerstraße – urkundlich erstmals 980 erwähnt – lebten ursprünglich die Schmeerschneider, Fleischer also. Die historischen Häuser Nr. 24–26 der weitgehend neu bebauten Straße entstanden zwischen 1540 und 1618. Zusammen mit dem Graseweghaus 18 (S. 18) sind sie die letzten Zeugen der einstmals in Halle weithin verbreiteten niedersächsischen Fachwerkarchitektur.

Das bedeutendste, bereits 1412 urkundlich erwähnte Baudenkmal der Straße, das sogenannte *Goldene Schlösschen* (Nr. 2), wurde 1471 auf dem Gelände eines Vorgängerbaues errichtet. Bekannt wurde das mächtige Patrizierhaus durch den Aufenthalt Martin Luthers, der hier im August 1545 erstmals Quartier nahm und im Haus mit seinem Mitstreiter Justus Jonas, erster evangelischer Superintendent in Halle, konferierte. An Luthers Aufenthalt erinnert eine Schrifttafel an der Fassade. Mehr ins Auge fällt dem Besucher das Hauswappen über dem Portal. Es zeigt ein mittelalterliches Vorlegeschloss und – zur Abwehr böser Geister – zwei krokodilähnliche Ungeheuer.

33 GROSSE MÄRKERSTRASSE S. 40

Die Verbindung zwischen Markt und südlicher Stadtgrenze wird in den Schöffenbüchern des städtischen Berggerichtes bereits 1315 als „mercelines strate" erwähnt. Hier lag der befestigte Hof des Rittergeschlechts Merkelin, das wohl gegen Ende des 14. Jh. ausgestorben ist. Im 18. Jh. war die Straße bevorzugter Wohnsitz der Professoren der Universität; daran erinnern Tafeln an den Fassaden.

Christian-Wolff-Haus/Stadtmuseum (Nr. 10): Das Gebäude wurde 1558 von Nickel Hoffmann auf den Grundmauern zweier gotischer Häuser errichtet. Von diesen Vorgängern hat sich ein Tonnengewölbe erhalten, unter dessen Pflasterung bei der Rekonstruktion des Hauses 1993 ein spätmittelalterliches Entwässerungssystem entdeckt wurde. Am Bau mit dem schönen Renaissancegiebel und den Zwerchhäusern macht eine Gedenktafel darauf aufmerksam, dass hier der Philosoph Christian Wolff von 1740 bis zu seinem Tode 1754 lebte und lehrte (S. 118). Seit 2006 beherbergt das Haus die reichhaltigen Bestände des Stadtmuseums. Von besonderem Interesse ist das repräsentative *Empfangszimmer Wolffs*, in dem die restaurierten originalen Bildtapeten einen authentischen Eindruck von der bürgerlichen Wohnkultur im Halle des 18. Jh. vermitteln. Gezeigt wird u.a. auch die Porträtsammlung der bedeutenden Drucker- und Verlegerfamilie Gebauer und Schwetschke, die mehr als ein Jahrhundert im Hause residierte. Im Christian-Wolff-Haus ist künftig eine Dauerausstellung im Rahmen des Landesprojekts „Sachsen-Anhalt.

Tel.: (03 45) 2 21 30 30

www.stadtmuseum.halle.de

Di.–So. 10–17 Uhr

Das Christian-Wolff-Haus liegt unmittelbar am Platz Kleiner Berlin Links und rechts in Richtung Großer Berlin kreuzt die Sternstraße. Der linke Abschnitt der Straße wurde um 1890 vollständig mit vierstöckigen Mietshäusern bebaut und

verkörpert seitdem das wohl eindrucksvollste, völlig geschlossene, gründerzeitliche Straßenbild der Altstadt; heute eine beliebte Kneipenmeile.

Schleiermacherhaus (Nr. 21/22):
Die ursprünglich getrennt errichteten Häuser wurden in der zweiten Hälfte des 16. Jh. unter einem Satteldach vereinigt. Der rekonstruierte Stadtpalast gilt als das größte erhaltene historische Wohngebäude der Altstadt. Friedrich Daniel Ernst Schleiermacher, 1804–1807 als außerordentlicher Professor für Theologie nach Halle berufen und auch als Universitätsprediger tätig, besaß hier eine große Wohnung und Vorlesungsräume, die bis zu

Das Empfangszimmer von Christian Wolff mit originalen Bildtapeten

100 Studenten fassten. Wesentliche Teile der Bausubstanz, insbesondere ein Seitenflügel der Nr. 22, sind noch original erhalten. Ein architektonisches Kleinod hat alle Zeitläufte überstanden: die vielgeschossige Treppenspindel im Hof. Sie trägt seit 1992 auch wieder ihre geschweifte Haube. Heute ist das Haus Sitz des Landesamtes für Denkmalpflege.

34 MORITZZWINGER S. 40

Das Gelände zwischen Rannischer Straße und Moritzkirche ist uraltes Siedlungsgebiet. An seiner Grenze verlief bis zu ihrer Niederlegung im 19. Jh. die südliche Stadtmauer bis zur Moritzkirche. Um 1960 waren die Häuser so baufällig, dass das gesam-

Der hl. Mauritius am Moritzzwinger

te Areal abgerissen werden musste. 1984/85 wurden Plattenbauten errichtet und Grünanlagen angelegt; die Schöpfer des neuen Wohngebietes wurden mit dem Architekturpreis der DDR ausgezeichnet.

35 MORITZKIRCHE S. 40
★ ENTDECKER-TIPP

Die spätgotische Hallenkirche verdankt ihre äußere Form wie innere Ausgestaltung der Tatsache, dass zur Zeit ihres Baues (ab 1388) die Augustinerchorherren wohlhabend und einflussreich geworden waren. Sie war sowohl Stiftskirche für das erst vier Jahre zuvor gegründete Moritzkloster als auch Pfarrkirche der Pfännerschaft. Die Moritzkirche zählt heute unbestritten zu den Höhepunkten der sakralen Baukunst des 14. Jh. in Deutschland. 123 Jahre lang haben unbekannte wie namhafte Künstler an der Vollendung des Gotteshauses gearbeitet, 1511 wurde der Schlussstein gesetzt.

Die Pläne der Moritzkirche entwarf der Baumeister und Steinmetz Conrad von Einbeck. Begonnen wurde – als die Basilika noch stand – an der Ostseite. Dadurch ergaben sich zwei Bauabschnitte, die sich deutlich voneinander unterscheiden. Die Ostseite ist von plastisch-dekorativer Außenarchitektur geprägt: Maßwerk,

▶ Moritzkirche –
Kirchenschiff, Blick zum Altar

Blendarkaden, Wimperge, Blattornamente (Krabben), Wasserspeier in Gestalt schwebender Engel, Türmchen mit Kreuzblumenkronen.

Die um die Mitte des 15. Jh. aufgenommene Ausführung der Westhälfte erscheint gegen den Ostbau schlicht. Zu dieser Zeit waren der Einfluss und die Finanzkraft der Augustinerchorherren wie der Pfännerschaft bereits geschwächt. In die Westhälfte ist der unvollendet gebliebene, sehr massive Turm eingebaut. Seine Westwand bildet an dieser Stelle zugleich die Stadtmauer. Die beiden Hauptbauphasen werden auch im Inneren der 58 m langen und 22 m hohen Kirche deutlich. Die Achteckpfeiler im Osten stehen eng, sind plastisch

Der Evangelist Markus mit dem Löwen, Detail an der Kanzel

betont und trennen durch Arkaden die Schiffe deutlich voneinander. Im Westteil sind die Pfeiler glatt und die Arkaden fehlen. Bei alledem ergibt sich dennoch ein einheitlicher Eindruck der drei Schiffe, die unter dem Netzgewölbe bzw. Sterngewölbe (nördliches Seitenschiff und Turmuntergeschoss) dank der hohen Fenster lichtdurchflutet sind.

Hervorzuheben sind vor allem die *Bildwerke*, die wohl ausnahmslos von Conrad von Einbeck geschaffen wurden. Der heilige Mauritius am dritten Südpfeiler, rechts vom Chor, entstand 1411; der Schutzpatron ist mit einem Schellengewand dargestellt. Von 1416 ist Christus als Schmerzensmann, ein geschundener, leidender Mensch, der Typ des rechtlosen, ausgebeuteten, um den Ertrag all seiner Arbeit gebrachten Bauern des Mittelalters. 1420 kamen Christus an der Geiselsäule – ein Werk, das vom Glauben an die Überwindung des Unrechts trotz aller Widerstände getragen ist, das von der Sieghaftigkeit des Glaubens kündet – sowie die Trauernde Maria hinzu, die in der Form und im Ausdruck noch einmal auf den Schmerzensmann zurückgreift. Einbeck hat zudem um 1420 ein Porträt des Pfänners Hamer Frunt in Stein gehauen, eine ungemein realistische Arbeit, die als Vorwegnahme späterer Meisterwerke der Renaissance erscheint. Das Flachrelief Anbetung der Könige

Der Tanz mit dem Tod über den Wappen der Stadt (l.) und der Halloren (r.)

(um 1425) ist wahrscheinlich das letzte bildhauerische Werk Einbecks. *Flügelaltar*: spätgotisch, um 1511 von G. Jhener. *Kanzel*: Steinmetzarbeit von Zacharias Bogenkrantz, 1592. Dargestellt sind die Gestalten des Todes, des Teufels und der Sünde, die von Christus überwunden werden. Kanzeltreppe mit Darstellungen von Themen des Alten Testamentes, Kanzeldeckel von 1604. *Sauerorgel*, Baujahr 1925, ein Denkmal der romantischen Orgelbaukunst in Deutschland, 63 Register, 3 Manuale. Bis Sept. 2011 nur eingeschränkt spielbar (Restaurierungen). Eingangshalle Südseite: qualitätsvolle Steinmetzarbeiten um 1448 von J. Rode.

Tel.: (Mo.–Fr.): 2 90 00 87
Tel.: (Sa./So.): 6 82 63 05
www.offene-kirche-halle.de
Sommerzeit Di.–Fr. 11–12/15–17 Uhr, Sa./So. 11–12/13–17 Uhr, Winterzeit Di.–Fr. 13–14 Uhr (außerdem katholische Gottesdienste)
Kirchenführungen: nach Vereinbarung

36 SALZGRAFENPLATZ S. 40

Das Gebiet westlich des Hallorenrings wurde nach 1990 neu bebaut und heißt nun Salzgrafenplatz. Dominierend sind das Funkhaus des Mitteldeutschen Rundfunks und die Georg-Friedrich-Händel-HALLE. Die 1998 eröffnete Händel-Halle ist Hauptspielstätte der Staatskapelle Halle und verfügt über zwei Säle, die u. a. auch für Kongresse und andere Veranstaltungen genutzt werden.

37 HALLMARKT MIT GÖBELBRUNNEN S. 40

Dem Hallmarkt ist nicht anzusehen, dass hier jahrhundertelang das wirtschaftliche Herz der Stadt geschlagen hat. Heute ist die „Halle", das Gelände, auf dem das Salz gewonnen wurde, ein rund 3 ha großer Platz, umstellt mit Häusern, die in der Mehrzahl erst in den Jahren 1886–1890 entstanden sind. Im Hinterhof eines Gebäudes in der Oleariusstraße befindet sich der Schacht des letzten von einst vier Brunnen, die reiche Sole spendeten. In einem

Detail des Göbelbrunnens

anderen der repräsentativen Bauten (Jugendstil) an der Südseite des Platzes (Salzgrafenstraße 2) hat die 1905 eingerichteten *Stadtbibliothek* ihr Domizil.

Der lang gestreckte neoromanische Bau unterhalb der Marktkirche entstand 1924 als Transformatorenstation, diente aber auch der statischen Absicherung der westlichen Türme der Marktkirche und wird heute gelegentlich für Ausstellungen genutzt. Gedenktafeln am Bau erinnern an politische Ereignisse der Jahre 1933 und 1953.

An der Westseite des Hallmarktes steht seit 1998 der Marktbrunnen, nach seinem Schöpfer Bernd Göbel, Bildhauer und Professor an der hallischen Kunsthochschule Burg Giebichenstein, auch *Göbelbrun-*

nen genannt. Mit bildhafter Freude, leicht ironisierend werden hier menschliches und allzu menschliches Verhalten der Hallenser und gleichzeitig hallische Kultur- und Wirtschaftsgeschichte über zehn Jahrhunderte vorgeführt. Vier große Einzelfiguren auf hohen Stelen sind dem Fischerstechen der Halloren auf der Saale und der Legende vom Trothaer Schäfer und der schönen Saalenixe gewidmet. Unter den vier größeren Figurengruppen auf dem Beckenrand sieht man erneut Halloren, da bechern sie, dort raufen sie, dort basteln sie am Stadtwappen. Der Schellenmoritz treibt mit einer langen Peitsche die Bauleute an. Albrecht von Brandenburg, Erzbischof und Kardinal, tut, was er doch nicht tun dürfte, er pflegt ganz ungeniert der Minne mit einer schönen Kurtisane. Dem Kardinal stehen die Haare zu Berge, ein Teufelchen hält seine Mitra und in sie schießt ein Strahl der Wasserspiele. Unter den kleineren Plastiken auf dem Beckenrand befinden sich die „indischen Affen"; einer hält sich statt des Mundes (nichts sagen) die Nase zu: eine Anspielung auf die erhebliche Umweltverschmutzung in Halle während der 1980er Jahre, in der die künstlerische Ausstattung des Brunnens entworfen wurde.

▶ Der Göbelbrunnen auf dem Hallmarkt unterhalb der Marktkirche

NORDÖSTLICH DER ALTSTADT

● **Ausgangspunkt:**
Joliot-Curie-Platz

38 OPER HALLE   S. 60

Die Oper wurde 1886 eingeweiht. Als damals modernstes Theater Deutschlands (Architekt Heinrich Seeling) war sie bereits voll elektrifiziert. Eine 60-PS-Dampfmaschine versorgte das Parkett, die Ränge und die Bühnentechnik mit Strom.

▲ Das Opernhaus oberhalb des Joliot-Curie-Platzes

Der mit Stuck und Samt verzierte Bau wurde 1945 durch Bomben stark beschädigt. 1948 begann der Neuaufbau. Am 31. März 1951 wurde das Mehrspartenhaus wieder eingeweiht.

Internationalen Ruhm erlangte das Musiktheater durch die „Händel-Renaissance". Händels Opern wurden und werden hier bis heute maßstabsetzend interpretiert.

Universitätsring 24 • www.oper-halle.de
Straßenbahn: Joliot-Curie-Platz (1, 2, 5, 6, 10)

39 POSTAMT S. 60

Wo heute zwischen Opernhaus und Postgebäude eine lang gestreckte Parkanlage den Joliot-Curie-Platz bildet, befanden sich noch bis 1838 Stadtmauer und Befestigungswerke. In Höhe der Großen Steinstraße, die hier den Platz kreuzt, stand das Steintor, dessen Namen heute der gut 400 Meter weiter östlich liegende Platz trägt.

Das Gebäude der „Kaiserlichen Oberpostdirektion" wurde 1892 im neoromanischen Stil errichtet. (Architekt: Klauwell). In ihm waren neben der Post das Telegrafenamt und die Fernsprechvermittlung der Stadt untergebracht. Das außerordentlich solide aufgeführte Haus hat die Kämpfe der Revolution von 1918 und des Mitteldeutschen Aufstands 1921, wie einen Bombentreffer im Frühjahr 1945 weithin unbeschadet überstanden.

Große Steinstraße 72

Mo.–Fr. 9–18 Uhr, Sa. 9–12 Uhr

40 STADTBAD S. 60

Zu den bedeutenden Bauleistungen der Kaiserzeit gehört das Stadtbad. Die Anlage wurde von Stadtbaurat Wilhelm Jost entworfen. Im massiven Turm des an eine Burg erinnernden wuchtigen Baues mit dem engen Innenhof befindet sich ein Wasserbehälter für die Versorgung der beiden Becken. Neben einer großen rechteckigen Schwimmhalle

Jugendstil: die Uhr am Stadtbad

(ehemals Männerbad) und einer ovalen kleinen Schwimmhalle (ehemals Frauenbad) gibt es ein Römisch-Irisches Bad. Trotz teilweise veränderter Innengestaltung hat sich in beiden Schwimmhallen Baukeramik des Jugendstils weitgehend erhalten. Sehenswert sind auch die Uhr und die Plastiken am Eingang.

Schimmelstraße 1 • Tel.: (03 45) 2 21 49 05
Straßenbahn: Stadtbad (1, 2, 5, 6, 10)

41 AM STEINTOR UND STEINTOR-VARIETÉ S. 60

Auf dem verkehrsreichen Platz stand bis zum Jahr 1828 das Obere Steintor, ein einfaches Vorwerk des Inneren Steintores, das sich am heutigen Joliot-Curie-Platz befand.

Das Vorwerk diente als Kontrollstation, denn hier erreichte die uralte Heer- und Handelstraße aus dem Magdeburgischen die Stadtgrenze. Noch im 18. Jh. war der Platz „Vor dem Steintor" mit Werkstätten, Ausspannhöfen und Kneipen dicht besetzt. Die meisten wurden 1929/30 abgerissen. Damals wurde der großzügige Klinkerbau an der Ostseite als Arbeitsamt errichtet (heute Seniorenheim).

Am Rand des zentralen Parks mit Springbrunnen befindet sich die etwa 2,5 m hohe *Timberwolf-Stele*. Sie erinnert an die Männer der 104. US-Infanteriedivision „Timberwolf", die im April 1945 durch umsichtiges Vorgehen die Stadt vor der völligen Zerstörung durch ein Bombardement bewahrten.

An der Nordseite des Platzes liegt das 1889 als „Walhalla-Theater" gegründete *Steintor-Varieté*. Ende des 19. Jh. war es das Operettentheater der Stadt, in den Jahren zwischen den beiden Weltkriegen auch Kino und Ringkampfarena. In der DDR galt das Steintor-Varieté neben dem Berliner Friedrichstadtpalast als Zentrum der heiteren Muse. Der Charakter des Varietés, das seit 1996 unter privater Regie weitergeführt wird, hat sich weitgehend erhalten.

Tel.: (03 45) 2 02 97 71
www.steintorvariete.de
Straßenbahn: Steintor (1, 2, 5, 6, 10, 12)
Bus: Steintor (27)

42 UNIVERSITÄTS-KLINIKEN S. 60

Schon im Jahr 1717 wurde in Halle das erste Universitätsklinikum Deutschlands eröffnet. 1875–1885 wurden auf einem rund 6 ha großen Gelände die Universitätskliniken errichtet.

In der Mitte der Gebäudefront an der Magdeburger Straße steht ein monumentales *Denkmal für Richard von Volkmann* (1830–1889), den Chirurgen und Märchendichter, geschaffen von seinem Neffen Artur Volkmann und 1894 zur 200-Jahr-Feier der Universität eingeweiht. Volkmann, 1. Direktor der Chirurgischen Klinik, erwarb sich historische Verdienste bei der Einführung der antiseptischen Wund-

Denkmal für Richard von Volkmann

behandlung in Deutschland. Im Anatomischen Institut an der Oberen Steinstraße wird die *Meckelsche Sammlung* bewahrt.

Die Sammlung der berühmten Medizinerfamilie Meckel – drei Generationen legten sie an – wurde in späteren Jahren ergänzt und umfasst heute mehrere Tausend Präparate von Mensch und Tier in gesunden und kranken Tagen. Dazu kommen Kuriositäten. Die Sammlung gehört zu den bedeutendsten in Europa und dient noch heute der Forschung und Lehre. Eine Besichtigung – in der Regel in kleinen Gruppen – ist nur nach Voranmeldung möglich.

Magdeburger Straße (Haupteingang)
Meckelsche Sammlung:
Universitätsklinken • Steinstraße 52
www.medizin.uni-halle.de/iaz
meckelschesammlungen@medizin.uni-halle.de
Straßenbahn: Steintor (1, 2, 5, 6, 10, 12)
Bus: Steintor (27)

PAULUSVIERTEL S. 60

Für die Ende des 19. Jh. rasch wachsende Bevölkerung der Stadt wurden neue Quartiere benötigt. Zu ihnen zählt das einst großbürgerliche Paulusviertel, für das nicht nur zahllose Häuser mit repräsentativen Fassaden im Jugendstil, sondern auch

◀ Die Pauluskirche auf dem Hasenberg prägt das Bild des Viertels

technische Anlagen wie der *Wasserturm Nord* an der Dessauer Straße errichtet wurden. Der wuchtige 54 m hohe Bau – Ziegelmauerwerk, kombiniert mit Stahlkonstruktion – wurde 1898 errichtet und gehört seitdem zur unverwechselbaren Silhouette der Stadt. Bis zu seiner Außerdienststellung 1965 war der Turm eine wichtige Station im Wasserversorgungssystem Halles. Nach Jahren der Vernachlässigung wurde er 1988–1992 grundlegend rekonstruiert und als schützenswertes Denkmal anerkannt.

Der Turm wurde unmittelbar am 1869 geweihten *Jüdischen Friedhof* errichtet (Humboldtstraße 52). Seine Grabdenkmale und Bauten haben wie durch ein Wunder die Zeit des Faschismus unbeschadet überstanden.

Da die alte Synagoge am Großen Berlin nicht wieder zu errichten war, beschloss man, die schlichte Trauerhalle als neue Synagoge auszubauen. Das Haus mit den vier Kuppeln und dem Davidstern über der Zentralkuppel wurde im Juli 1953 geweiht. Beerdigt wird auf diesem Friedhof seit 1929 nicht mehr (Beisetzungen in bereits angelegten Gräbern noch bis 1940).

Tel.: (03 45) 23 31 10 • www.jghalle.de
Besichtigung nur nach Voranmeldung möglich.
Im Zentrum des heute weitgehend restaurierten Viertels steht die

JÜDISCHES LEBEN IN HALLE

Eine jüdische Gemeinde hat es in Halle bereits im 12. Jh. gegeben. Ihre Angehörigen lebten u. a. im sogenannten Judendorf, auf dem Gelände der späteren Moritzburg und des heutigen Friedemann-Bach-Platzes. Sie war, wie wohl in allen deutschen Städten, immer wieder Pogromen, Zerstörungen und Vertreibungen ausgesetzt. Erst 1693 gelang es preußischen Juden, verbindliche Schutzbriefe für Halle zu erwerben und sich gleichberechtigt am gesellschaftlichen Leben der Stadt zu beteiligen.

Die jüdische Gemeinde zählte 1933 rund 1.000 Mitglieder. Sie hatte zwischen 1933 und 1945 mehr als 600 Tote zu beklagen. Nur 56 jüdische Bürger kehrten nach 1945 in die Stadt zurück.

Pauluskirche auf dem Hasenberg. Ihre Grundsteinlegung erfolgte am 22. Oktober 1900, am Geburtstag der Kaiserin Auguste. Der Entwurf der nach zeitgenössischen Berliner Vorbildern errichteten Pauluskirche stammt von den Hallenser Bauräten Schulze und Hoßfeld. Zu den Baukosten steuerte die Kaiserin 25.000 RM bei. In ihrer Anwesenheit erfolgte am 6. September 1903 die Einweihung. Der wuchtige Zentralbau mit dem Turm über der Vierung und vier Ecktürmen ist in der Stadtsilhouette weithin dominant. Der Turm (60,18 m) ist 4,34 m höher als die „Blauen Spitzen" der Marktkirche.

Straßenbahn: Am Wasserturm (1), Willy-Lohmann-Straße (6, 12)

▶ **ABSTECHER ZUM DB MUSEUM**

43 DB MUSEUM   S. 60

Das *Deutsche Bahn Museum Halle* gibt es seit 2003. Gezeigt werden 15 historische Schienenfahrzeuge (Dampf- und Dieselloks), die auch betreten werden können. Dazu kommen Schnittmodelle von Motoren. Zugang über den S-Bahnsteig Steintorbrücke, Fahrtrichtung Hauptbahnhof.

Berliner Str. 240
http://deutschebahn.de
Straßenbahn: Steintorbrücke (10);
S-Bahn: Steintorbrücke
März–Nov. jeden Sa. 9–14 Uhr,
Dez.–Feb. jeden 2. Sa. 9–14 Uhr

44 LANDESMUSEUM FÜR VORGESCHICHTE SACHSEN-ANHALT   S. 70
★ TOP-TIPP

Der kastellartige Hauptbau, an dem die Ausdrucksformen des späten Jugendstils und des frühen Funktionalismus unverkennbar sind (Architekt: Willhelm Kreis) wurde 1910/11 als erster Museumsbau für prähistorische Archäologie in Deutschland errichtet, doch erst 1918 der Öffentlichkeit zugänglich gemacht. Die innere Einrichtung wurde mehrfach verändert, teilweise erhalten blieb im Treppenhaus das germanisches Leben ausdeutende Wandgemälde des verdienstvollen Direktors der Kunsthochschule Burg Giebichenstein, Paul Thiersch (1879–1928).

Grundstock der mehr als 10 Millionen archäologische Objekte umfassenden Sammlungen sind die vom „Thüringisch-Sächsischen Verein für Erforschung der vaterländischen Altertümer" geborgenen Bodenfunde. Neben wechselnden Sonderausstellungen ist die *Dauerausstellung „Ur- und Frühgeschichte Mitteldeutschlands"* zu besichtigen. Sie gliedert sich in Themenbereiche, die zu den Wurzeln der Menschheitsgeschichte vor etwa 450.000 Jahren vor Chr. führen. Anhand ausgewählter Exponate wird einsehbar, wie

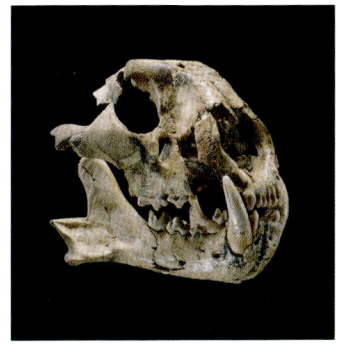

Schädel eines Höhlenlöwen

viel – oder auch wie wenig – uns mit unseren frühesten Vorfahren verbindet, was sie an handwerklichen, ja bereits künstlerischen Fähigkeiten besaßen, welch Strategien es ihnen ermöglichten, in eisigen Steppen und in der Zeit starker Klimaschwankungen zu überleben, erfolgreich zu jagen und zu fischen.

Ein Beilregen (3.700 Originalsteinbeile) ergießt sich im Raum „Neolithikum"

DIE HIMMELSSCHEIBE VON NEBRA

Absoluter Höhepunkt der Ausstellung des Landesmuseums ist die rund 3.600 Jahre alte sogenannte Himmelsscheibe von Nebra. Das zwei Kilogramm schwere Bronzeobjekt mit verzierten Goldauflagen (Durchmesser 32 cm) gewährt dem Betrachter einen unmittelbaren Einblick in die astronomischen Vorstellungen bronzezeitlicher Menschen. Zum ersten Mal in der Geschichte der Menschheit wird der Himmel so beschrieben, wie wir ihn auch tatsächlich beim Blick hinauf zum Firmament zu sehen gewohnt sind: als Sternengewimmel zwischen vertrauten Großgestirnen. Die 1999 im Ziegelrodaer Forst bei Nebra (etwa 50 km westlich von Halle) entdeckte und nach abenteuerlichen Verwicklungen nach Halle gekommene Scheibe ist ein Schlüsselfund für die europäische Vorgeschichte, die Astronomiegeschichte und die frühe Religionsgeschichte.

Zu den Attraktionen des Landesmuseums gehören neben der weltberühmten *Himmelsscheibe von Nebra* das vollständige Skelett eines Mammuts (200.000 v. Chr.), die plastischen Rekonstruktionen eines Waldelefanten und von frühen Menschen, die das Gebiet zwischen Elbe, Saale und dem Harz vor Jahrtausenden besiedelt haben, u. a. die außerordentlich eindrucksvolle lebensechte Nachbildung eines Urmenschen (Prä-Neandertaler, 200.000 Jahre v. Chr.). Funde von Weltgeltung sind etwa die Reste des Urmenschen (Homo erectus), der vor ca. 370.000 Jahren in der Nähe des heutigen Dorfes Bilzingsleben in Thüringen lebte, oder der älteste Fingerabdruck der Welt von Königsaue (ca. 80.000 Jahre v. Chr.), der sich auf einer Birkenrinde erhalten hat. Dazu kommen Demonstrationsbauten der frühen Bauernkulturen (Wohn-, Ritual- und Grabbauten) und Einblicke in die Aneignung von Fähigkeiten, Bodenfunde (Metalle, u. a. Kupfer und Gold) nutzbar zu machen und ihnen Warencharakter zu geben.

Das Landesmuseum für Vorgeschichte bildet zusammen mit dem Landesamt für Denkmalpflege und Archäologie eine wissenschaftliche Einheit, die mit zahlreichen gleichartigen Einrichtungen in aller Welt verbunden ist.

Richard-Wagner-Straße 9
Tel.: (03 45) 5 24 73 63 • www.archlsa.de
www.himmelsscheibe.de
Straßenbahn: Landesmuseum für Vorgeschichte (7), Reileck (3, 6, 12)
Di. 9–19.30 Uhr, Mi.–Fr. 9–17 Uhr, Sa./So./Feiertage 10–18 Uhr
Führungen nach Voranmeldung: Tel.: (03 45) 52 47-3 61

▶ Absoluter Höhepunkt der Dauerausstellung ist die Himmelsscheibe von Nebra

NORDWESTLICH DER ALTSTADT

● **Ausgangspunkt:** Moritzburg

45 BOTANISCHER GARTEN
S. 70

Der etwa 4,5 ha große Botanische Garten ist alljährlich attraktiver Anziehungspunkt für zahlreiche Naturliebhaber. In dem ruhigen Areal zu bewundern ist im Victoria-Haus die Königin der Seerosen – Victoria cruziana – mit ihren bis zu 180 cm breiten Blättern, sind die Spezialsammlungen der Kakteen, fleischfressenden Pflanzen und tropischen Orchideen sowie der „Tropenwald" im Palmenhaus. Das um 1788 errichtete Observatorium mit den vier exakt nach den Himmelsrichtungen justierten Balkons wurde rekonstruiert und steht unter Denkmalschutz.

Am Kirchtor 3 • Tel.: (03 45) 5 52 62 70
www.botanik.uni-halle.de
Straßenbahn: Moritzburgring (3, 7, 8)
Anfang Mai–Mitte Okt. Mo.–Fr. 14–18 Uhr, Sa./So./Feiertage 10–18 Uhr

▲ Palmenhaus im Botanischen Garten

MEHR ALS 300 JAHRE BOTANISCHER GARTEN HALLE

Am Ort, an dem heute der Botanische Garten eine grüne Oase bildet, stand das weithin berühmte Kloster Neuwerk. Die Augustinerchorherren unterhielten Gärten, in denen nicht nur Kohl und Rüben, sondern auch Heilkräuter ihre Heimstatt hatten.

Zum Hortus medicus, zum Arzneigarten, wurde der heutige Botanische Garten im Zusammenhang mit der Universitätsgründung 1694. Im Jahr 1698 legte der Professor für theoretische Medizin und königliche Leibarzt Georg Ernst Stahl (1660–1734) in einem Teil des Lustgartens die ersten Beete an. Rund 100 Jahre später gelang es der hallischen Universität, den ganzen Grund und Boden anzukaufen und damit die Voraussetzungen für einen echten Hortus botanicus, einen Botanischen Garten zu schaffen. 1799 gediehen in ihm schon 2.962 Pflanzenarten, heute sind es auf den Freiflächen und in den Häusern rund 12.000 aus aller Welt.

46 GEDENKSTÄTTE ROTER OCHSE   S. 70

Das wegen seines unverputzten Ziegelbaues im hallischen Volksmund als „Roter Ochse" bekannte Gefängnis wurde 1842 als königlich-preußische Haftanstalt in Betrieb genommen. In der NS-Zeit diente es zunächst als Gefängnis und Schutzhaftlager, ab 1935 als Zuchthaus für Männer, darunter sehr viele politische Gefangene. 1942–1945 war der Rote Ochse zudem Hinrichtungsstätte, über 500 Frauen und Männer wurden hier überwiegend mit dem Fallbeil zu Tode gebracht.

Nach der kurzen Zeit der US-amerikanischen Besatzung Halles wurde die Haftanstalt ab Juli 1945 von der sowjetischen Besatzungsmacht betrieben. Tausende Menschen aus Sachsen-Anhalt wurden hier von den Tribunalen zu oft langjährigen Haftstrafen verurteilt. Von 1950 bis zum Dezember 1989 waren mehr als 9.000 Personen in dem Teil des Roten Ochsen inhaftiert, der dem Ministerium für Staatssicherheit (MfS) der DDR als Untersuchungshaftanstalt diente.

Seit 1996 ist das ehemalige Verhör- und Wirtschaftsgebäude des MfS als Gedenkstätte für die Opfer politischer Verfolgung von 1933 bis 1989 der Öffentlichkeit zugänglich. Zu besichtigen sind u.a. Häftlingszellen der verschiedenen Epochen; der als Hinrichtungsstätte fungierende Raum ist ein Ort stillen Gedenkens.

Am Kirchtor 20 b • Tel.: (03 45) 2 20 13 37
www.sachsen-anhalt.de
Straßenbahn: Hermannstraße (7), Diakoniewerk (8)
Di.–Fr. 10–16 Uhr, Sa./So. (jedes 1. und 3. Wochenende im Monat) 13– 17 Uhr, Eintritt frei

Im Bereich MfS der Gedenkstätte ROTER OCHSE

47 VOLKSPARK S. 70

Entlang der Burgstraße, die zur Burg Giebichenstein führt, kommt man zum Volkspark. Das wuchtige Gebäude wurde in den Jahren 1906/07 als Vereinshaus der Sozialdemokratischen Partei erbaut. Hier war jahrzehntelang der Treffpunkt der hallischen Arbeiterschaft; es gab neben zahlreichen Versammlungsräumen auch Lokale und ein Gartenrestaurant. Im großen Saal sprachen u. a. Clara Zetkin (1908), Karl Liebknecht (1911) und mehrfach der KPD-Führer Ernst Thälmann. Heute gehört das Haus einem privaten Verein. Es finden regelmäßig Sonderveranstaltungen (u. a. Tanzpartys, Livemusik) statt.

www.volksparkhalle.de

Der Volkspark wird auch von der Hochschule für Kunst und Design Burg Giebichenstein genutzt, die hier die *Galerie im Volkspark* betreibt (Zugang über den Schleifweg 8 a).

Burgstraße 27 • Tel.: (03 45) 5 23 86 99
www.burg-halle.de/galerie
Straßenbahn: Volkspark (8)
**Bei Ausstellungen: Mo.–Fr. 14–
19 Uhr, Sa./So. 11–16 Uhr**

48 BURG GIEBICHENSTEIN S. 70
★ ENTDECKER-TIPP

Am Saaleufer, hoch über dem hier schmalen Strom, erhebt sich seit etwa einem Jahrtausend die Burg Giebichenstein. Schon vor dieser Zeit muss auf dem Porphyrfelsen

BURG GIEBICHENSTEIN

Die Geschichte der Burg beginnt im 10. Jh. n. Chr. König Heinrich I. (919–936), befestigte den Platz als Wehranlage gegen die anstürmenden Ungarnheere. Giebichenstein wurde 961 erstmals urkundlich erwähnt. König Otto I. (ab 962 deutscher Kaiser) schenkte am 29. Juli 961 Burg und Siedlung Giebichenstein dem Moritzkloster zu Magdeburg, aus dem wenig später das Erzbistum Magdeburg hervorging.

Ihre Blütezeit erlebte die Burg unter Erzbischof Wichmann (1152–1192). Der weltgewandte Kirchenfürst hielt hier glanzvoll Hof: Es kamen die deutschen Fürsten, um ihre Feldzüge wider den Osten zu beraten, Dichter und Sänger machten ihre Aufwartung. Doch die Burg diente auch als Gefängnis. „Wer da kommt auf den Giebichenstein, der kommt selten wieder heim" lautete ein volkstümlicher Spruch, und noch heute ist die Sage von Ludwig dem Springer bekannt.

Zwischen 1382 bis zum Beginn des 16. Jh. diente die Burg, vor allem die 1445–1464 ausgebaute Unterburg, als Hauptresidenz der Magdeburger Kirchenfürsten. 1503 erkor Erzbischof Ernst die neu erbaute Moritzburg zum Zentrum seiner Macht. Durch die Errichtung dieser neuen Festung in unmittelbarer Nähe zur aufsässigen Stadt verloren die Burganlagen auf und um den Porphyrfelsen rasch an Bedeutung. Dennoch blieb Giebichenstein eines der größten und wirtschaftlich wichtigsten Ämter, Verwaltungssitz im Erzstift. Das änderte sich auch nicht zu Zeiten des Herzogtums Magdeburg und der preußischen Provinz Sachsen.

Im Dreißigjährigen Krieg (1636) wurde Giebichenstein durch schwedische Truppen niedergebrannt. Die Unterburg war bald wieder aufgebaut. Sie wurde als Verwaltungssitz und bäuerlicher Betrieb genutzt.

eine Kultstätte der Germanen gelegen haben. Darauf verweist der Name. Die Germanen nannten ihren Gott Wodan auch Givico oder Giebich, den „Gebenden".

Die *Oberburg* ist seit 1966 als Freilichtmuseum zugänglich. Torturm, oftmals fälschlich als Bergfried bezeichnet (12. Jh.). Erstmals 1907 rekonstruiert, zuletzt Ende des 20. Jh. restauriert. Ringmauern, Fundamente von Wohngebäuden, u. a. die eines Wohnturms (10. Jh.) mit Mauern von drei bis fünf Metern Stärke. Fundamente der Burgkirche mit 17 m Länge, Mauerstärke 2,20 m. Hof mit originaler mittelalterlicher Pflasterung. Die Oberburg ist Teil der „Straße der Romanik". Vom Giebichenstein hat man einen einmalig romantischen Blick auf die Saalelandschaft.

Hochschule für Kunst und Design
Tel. (Führungen): 2 21 30 30
www.stadtmuseum.halle.de
**April–Okt. Di.–Fr. 10–17 Uhr,
Sa./So. 10–18 Uhr**

► Blick über die Kröllwitzbrücke
zur Burg Giebichenstein

Seit 1921 ist die *Unterburg* Hauptsitz der heutigen Hochschule für Kunst und Design Halle – Burg Giebichenstein. Dreiseitige bis zu 2 m starke Ringmauer mit Graben und fünf Türmen (ab 1442). Brücke (um 1745), Torturm (1470) mit dem Bildwerk des hl. Mauritius (um 1400, Kopie). Kornhaus mit Staffelgiebeln und den Wappen des Erzbischofs

---

HOCHSCHULE FÜR KUNST UND DESIGN HALLE – BURG GIEBICHENSTEIN

Die Hochschule hat ihre Anfänge in der städtischen „Gewerblichen Zeichen- und Handwerkerschule" des 19. Jh. Ihre eigentliche Bedeutung gewann sie unter dem Direktorat von Paul Thiersch (1915–1928), der ihren Ausbau zu einer Kunstgewerbeschule wesentlich förderte. Die NS-Zeit unterbrach die Entwicklung, die Burg wurde zur „Meisterschule des Deutschen Handwerks". Seit 1946 zunächst als Kunstschule städtisch, dann als Institut für angewandte Kunst der Universität angegliedert, erlebte die Burg als „Hochschule für industrielle Formgestaltung" ab 1958 eine neue Blüte. Seit 1990 hat sie sich zu einer modernen Kunst- und Designhochschule mit universitärem Status entwickelt. Heute werden ca. 1.000 Studierende u.a. in den Studienrichtungen Malerei, Plastik, Keramik/Glasdesign, Buchkunst, Mode und Textildesign und Innenarchitektur unterrichtet. www.burg-halle.de

Blick von der Ober- auf die Unterburg mit Kornhaus und Taubenturm

Skulptur am Dach des Kornhauses

len ein. Historiker haben die Vermutung geäußert, dass auf dem Gelände des Amtsgartens die sogenannte „Alte Burg", eine Reichsburg Heinrich I., der Vorgänger der Oberburg Giebichenstein, gestanden habe.

50 HISTORISCHES STRASSENBAHN-DEPOT   S. 70

Halle besitzt seit 1891 eine „Elektrische", es war die erste in Europa, die eine große, geschlossene Strecke befuhr. Im Depot befinden sich etwa 20 Wagen, der älteste stammt aus dem Jahr 1894.

Seebener Straße 191
www. hallesche-straßenbahnfreunde.de
Straßenbahn: Burg Giebichenstein (7, 8)
Mai–Okt. Sa. 10–16 Uhr
Fahrten mit einer historischen Tram:
Tel.: (03 45) 1 22 99 84
www.stadtmarketing-halle.de
Sonderfahrten auf Anfrage:
Tel.: (03 45) 5 81 56 01
Abfahrt: Markt/Stadthaus

Johann sowie derer von Dieskau (1473), Brauhaus mit besonders schönem, hohen Blendwerk-Giebel (um 1500), Pallas, barocker Taubenturm (um 1745). Besichtigung der Außenanlagen (Campus der Hochschule) möglich.

Straßenbahn: Burg Giebichenstein (7, 8)

49 AMTSGARTEN   S. 70

Amtmann Johann Christoph Ochs ließ 1740–1750 nördlich der Burgruine Giebichenstein einen bereits 1718 angelegten Park im französischen Stil ausbauen. Die etwa 3,8 ha große Parkanlage erhielt ihre heutige Gestaltung im englischen Stil 1907–1909. Zahlreiche seltene Bäume, Ruhebänke, Schautafeln und ein Kinderspielplatz laden zum Verwei-

51 REICHARDTS GARTEN   S. 70

„Herberge der Romantik" nannten die Hallenser und die literarische Welt liebevoll das Anwesen des königlich-preußischen Kapellmeisters und Komponisten Johann Friedrich Reichardt (1752–1814). Vom Glanz des Musenhofes ist nur der rund 3 ha große Park geblieben, Reichardts Garten genannt.

Reichardts Grab an der Bartholomäuskirche

In Reichardts Garten trafen sich die Dichter der Romantik: Jean Paul, Novalis, Tieck und Eichendorff, Achim von Armin und Brentano. Auch Goethe kam zu dem Mann, der seine Dichtungen, aber auch die von Schiller, Klopstock und manchem anderen adäquat in Töne setzte. Die Idylle endete 1806. Napoleon stand vor Halle, der Demokrat Reichardt musste fliehen. Er kam nach Preußens Sieg für kurze Zeit zurück, der alte Glanz jedoch war stumpf geworden und erlosch mit Reichardts Tod.

1844 kam das Gelände in staatlichen Besitz, seit 1902 ist es städtisch. Manches Denkmal findet sich hier: der Nachtigallenstein mit einem Goethe-Vers, der Steintisch und die Büste Reichardts. Hier finden alljähr-

lich am Todestag des „Herbergsvaters der Romantik" (27. Juni) Konzerte des Universitätschores „Johann Friedrich Reichardt" statt.

Reichardts Grab befindet sich an der nahe gelegenen Bartholomäuskirche, in der Händels Eltern getraut wurden.

Seebener Straße/Wittekindstraße

www.gartentraeume-sachsen-anhalt.de

Ganzjährig zugänglich

52 BERGZOO S. 70
★ ENTDECKER-TIPP

Die Lage des Zoos auf dem 130 m hohen Reilsberg, von dem sich schöne Aussichten bieten, ist unübertroffen. Auf der kleinen, steilen Fläche von nur 8,5 ha sind etwa 1.700 Tiere von etwa 250 Arten untergebracht.

Die Elefanten gehören zu den Stars im Zoo

Dem Charakter des 1901 gegründeten „Bergzoos" entsprechend, hat man sich auf Haltung und Züchtung von Gebirgstieren spezialisiert. Dazu zählen Steinböcke, Gämsen, Mähnenspringer, Mufflons und Schraubenziegen. Zum Haltungsschwerpunkt zählt auch die Fauna Südamerikas mit außergewöhnlichen Tierarten, darunter Faultier, Mähnenwolf und Großer Ameisenbär.

Im *Raubtierhaus* sind oft junge Großkatzen zu bewundern: Der Zoo trägt mit der Zucht von Angola-Löwen, Indochina-Tigern und Jaguaren zur Erhaltung dieser Arten bei. Sechs *Elefanten* leben in einem 3.000 m^2 großen Domizil, südamerikanische Seebären kann man durch eine Glasscheibe bei der Unterwasserjagd beobachten, *Affen* vieler Arten teilen sich ihr Haus mit Zwergflusspferden, Phyton-Schlangen und anderen Urwaldbewohnern, Vögel fühlen sich in einer riesigen *Flugvoliere* wohl …

Für Kinder gibt es mehrere *Erlebnisbereiche* und fantasievolle Lern- und Spielobjekte, das *Streichelgehege* ist ein Anziehungspunkt für Klein und Groß.

Auf dem Plateau neben dem *Aussichtsturm* (1913) liegt das Grab von Johann Christian Reil. Der berühmte Arzt hatte den alten „Giebichensteiner Weinberg" 1803 für seine Verdienste um die Entwicklung der Physiologie/Psychatrie vom preußischen König erhalten. In alter Zeit galt der Felsen als bester Weinberg der Magdeburger Erzbischöfe. Vor 100 Jahren

Blick in die Ausstellungsräume des Kunstvereins

aber lag der Reilsberg wüst. Heute ist der Bergzoo Naherholungsgebiet mit Zoofest, Konzerten, Führungen, Vorträgen und mehreren gastronomischen Einrichtungen.
Haupteingang Reilstraße 56
Tel.: (03 45) 5 20 33 00
www.zoo-halle.de
Straßenbahn: Haupteingang: Zoo (3, 12), dort auch Parkhaus, Nebeneingang Seebener Straße: Emil-Eichhorn-Straße (8) Der Ausgang Seebener Straße (Saison-eingang) ist über das Drehkreuz nutzbar. Rollstuhlfahrer und Besucher mit Kinderwagen nutzen bitte den Haupteingang Reilstraße.
Jan./Feb. 9–16 Uhr, März 9–16 Uhr (Sa./So., Feiertage bis 17 Uhr), April–Okt. 9–17 Uhr (Sa./So., Feiertage bis 18.30 Uhr), Nov./Dez. 9–16 Uhr

◀ Im neuen Raubtiergehege sind u. a. malaysische Tiger zu beobachten

Gastronomie: Bergterrassen: Mo.–Fr. 9.30–17 Uhr Sa., So., Feiertage 9.30–18 Uhr
Biergarten bei den Bären: März–Okt. Mo.–Fr. 9.30–17 Uhr , Sa./So., Feiertage: 9.30–18 Uhr

▶ **ABSTECHER**
   KUNSTVEREIN „TALSTRASSE"

KUNSTVEREIN „TALSTRASSE" E. V.

Ausstellungen von Malerei und Grafik international renommierter Künstler des 20. Jh. Regelmäßig stellt der 1991 gegründete Kunstverein Werke von Künstlern vor, die biografisch mit der halleschen Region in Berührung gekommen sind.
Talstraße 23 • Tel.: (03 45) 5 50 75 10
www.kunstverein-talstrasse.de
Di.–Fr. 14–19 Uhr, Sa./So. 14–17 Uhr

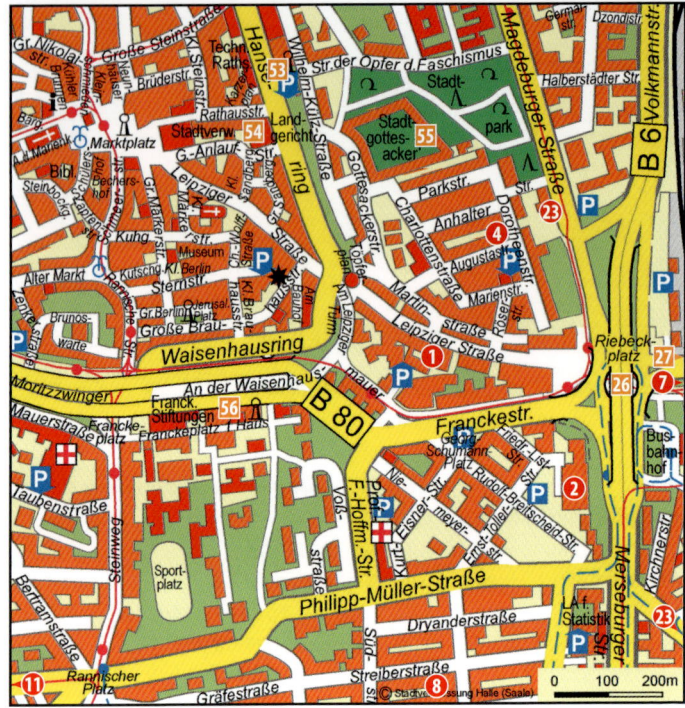

SÜDÖSTLICH DER ALTSTADT

● **Ausgangspunkt:** Marktplatz

53 FAHNEN-
MONUMENT   S. 82

Am Hansering, vor dem Aufgang zum Stadtpark, befindet sich ein Denkmal (Stahlbeton, Architekt: Sigbert Fliegel), dessen Zukunft – Bestand oder Abriss – lange Zeit umstritten war. Die 24 m hohe „Rote Fahne" wurde als „Flamme der Revolution" zum 50. Jahrestag

▲ Das Landgericht am Hansering

der russischen Oktoberrevolution 1967 feierlich errichtet.

2004 erhielt die „Fahne". ihre heutige farbliche Gestaltung. Sie basiert auf Aufnahmen des Satelliten COBE vom Himmel in Richtung auf das Zentrum unserer Galaxie.

54 LANDGERICHT   S. 82

Größtes und repräsentativstes Haus am Hansering ist das Justizgebäude zwischen Rathaus- und Gustav-An-lauf-Straße. 1901–1905 erbaut, ist es in seiner reichen Formensprache ein gut proportionierter und funktional stimmiger Bau und zugleich ein Versuch, klassische Bautraditionen (Gotik und Frührenaissance) der modernen Gesellschaft nutzbar zu machen. Die Werksteinfassade schmücken an den Erkern u. a. Porträts großer Rechtsgelehrter. Unter den Fenstersimsen dominieren Steinmetzarbeiten mit Darstellungen von Tieren und Fabelwesen, dies im Verbund mit deutschen Tugend- und Moralbegriffen. Sehenswert sind insbesondere die weitschwingende Treppenanlage im Inneren, das Sterngewölbe, die großzügigen Galerien und Türfassungen.

Hansering 13–17

55 STADT-GOTTESACKER   S. 82
★ ENTDECKER-TIPP

Im 16. Jh. begann man, die Toten außerhalb der Stadtmauern zu begraben. Die große kommunale Bauaufgabe (Errichtung eines würdigen Begräbnisplatzes auf dem Martinsberg) wurde vom Stadtbaumeister Nickel Hoffmann (etwa 1502–1592) übernommen. Unter seiner Leitung entstand ab 1558 auf dem bereits seit 1529 genutzten Platz ein Meisterwerk der Renaissance, das nördlich der Alpen kaum ein Beispiel hat. Hoffmann begann, angeregt von den italienischen Camposanti, rings um das unregelmäßige Geviert

(113 x 123 x 129 x 150 m) mit weiten Schwibbögen überspannte Grüfte anzulegen. Insgesamt entstanden bis 1594 vierundneunzig Stück. Die von Hoffmann selbst gestalteten sind mit seinem Zeichen versehen. Fast jede Gruft ist mit einem kunstvoll geschmiedeten Eisengitter bzw. einem Holzgitter zumeist bündig abgeschlossen. Ursprünglich standen in den bis zu vier Meter tiefen Grüften die Särge sichtbar auf dem Boden. Erst hygienische Forderungen des 19. Jh. führten 1862 zur Auffüllung der meisten Grüfte mit Erde.

Die Flügel der Gesamtanlage wurden an drei Seiten durch eine fünf bis sechs Meter hohe Mauer gesichert. Besonders aus Richtung Süden und Westen wirkt der Stadtgottesacker dadurch wie ein stark befestigtes Kastell. Den Eingang auf der Stadtseite versahen Hoffmanns Nachfolger 1590 mit einem Torturm. An seiner Innenseite befindet sich sein steinernes Reliefbild.

Der kunsthistorische Wert des hallischen Camposanto (deutsch: heiliges Feld), der heute als bedeutendster Renaissancefriedhof Europas gilt, ist vor allem den Verzierungen der Arkadenvorderseiten zu verdanken. Die Felder über den Bögen und die Pfeiler zwischen

▶ Arkadenbögen prägen den Stadtgottesacker

Auf dem Stadtgottesacker

ihnen sind mit Rankenornamenten geschmückt, teilweise auch mit Putten, Symbolen und fantastischen Gestalten. Dazu kommen in den Stein gehauene Verse beider Testamente. In dieser 1594 vollendeten Arkadenanlage, die von einem umlaufenden, hohen Satteldach bedeckt ist, spiegeln sich der Geist der Renaissance, die Souveränität und das Vermögen ihrer Schöpfer, den Tod vom mittelalterlichen Schaudergeist abzuheben und ihn als natürlichen Vorgang anzunehmen.

Die Grüfte waren Eigentum der Stadt, sie konnten von den Bürgern gemietet oder auch gekauft werden. Auf herkömmliche Art, im Innenraum des Camposanto, wurde bis in die erste Hälfte des 20. Jh. begraben. Insgesamt gibt es etwa 2.000 Grabstätten.

Grabanlagen: Unter den Schwibbögen ruhen u.a. die Eltern und Mitglieder der Familie Georg Friedrich Händels (Bogen 60), August Hermann Francke und Familie (Doppelbogen 80/81), Christian Thomasius (Bogen 10), Friedrich Hoffmann (Bogen 47), Robert Franz (gegenüber Bogen 10 am Rand der Freianlage), August Hermann Niemeyer (Bogen 15) und Ludwig Wucherer (Bogen 14).

Der Stadtgottesacker wurde beim Bombenangriff am 31. März 1945 schwer beschädigt. Siebenundzwanzig Schwibbögen brachen zusammen. Weniges wurde wieder aufgebaut, mehr noch verfiel in vierzig Jahren DDR. Um 1985 gründete sich eine Bürgerinitiative, die mit viel Engagement für den Erhalt der Anlage kämpfte. Ihr und der 1990 gegründeten „Stiftung Stadtgottesacker", insbesondere einer sehr hohen Zuwendung aus privater Hand (Dank- und Gedenktafel im Durchgang des Torbogens), ist es zu danken, dass die vollständige Sanierung des unter Denkmalschutz stehenden Stadtgottesackers weit vorangekommen ist. Seit Januar 2000 werden wieder Nutzungsrechte an Gräbern vergeben und Urnenbeisetzungen ermöglicht.

Der angrenzende Stadtpark entstand auf ehemaligen Flächen des Stadtgottesackers.

Gottesackerstraße 7

Straßenbahn: Juliot-Curie-Platz (1, 2, 5, 6, 10)

Tgl. 8 Uhr bis zur Dämmerung (max. bis 20 Uhr)

56 FRANCKESCHE STIFTUNGEN S. 82
★ TOP-TIPP

Der Theologe *August Hermann Francke* (1663–1727) gründete Anfang des 18. Jh. vor den Toren Halles eine beeindruckende Schulstadt, die Zeitzeugen als das „Neue Jerusalem" galt. Getragen von pietistischer Frömmigkeit setzte Francke mit seinen Stiftungen den sozialen

Problemen seiner Zeit ein Beispiel praktischer Nächstenliebe entgegen. Weitblickende Reformen, soziales Engagement, wissenschaftliche Innovation und wertvolle Sammlungen begründeten den Ruf des Halleschen Waisenhauses in ganz Europa und bis nach Indien und Nordamerika. Der Wahlspruch Franckes im Tympanon des Historischen Waisenhauses „Die auf den Herrn harren, kriegen neue Kraft, daß sie auffahren mit Flügeln wie Adler" (Jesaja 40.31) kündet noch heute von der Kraft des Glaubens. 1946 enteignet, begann nach der rechtlichen Wiederherstellung 1992 der umfassende Wiederaufbau der fast verfallenen Stiftungen. Heute sind sie ein lebendiger kultureller Bildungskosmos an historischer Stätte, in dem wieder mehrere tausend Menschen lernen, leben und arbeiten. Mit ihrem weltweit einmaligen barocken Bauensemble und ihren musealen Schätzen stehen die Franckeschen Stiftungen auf der Vorschlagsliste für das UNESCO-Welterbe.

Historisches Waisenhaus (Haus 1): Hauptgebäude der Stiftungen am Franckeplatz, Massivbau. Grundsteinlegung durch A. H. Francke 1698, vollendet 1700. Erbaut mit Hilfe von Spenden, beherbergte es bis zur Konstruktion der Erweiterungsbauten rund um den Lindenhof sämtliche Einrichtungen der

Stiftungen, u.a. Schlaf- und Unterrichtssäle, die Buchhandlung, die Apotheke und die Druckerei. Im Historischen Waisenhaus finden kulturhistorische Dauer- und Sonderausstellungen, wissenschaftliche und kulturelle Veranstaltungen und Konzerte statt. Im Kinderkreativzentrum *Krokoseum* im Sockelgeschoss erwartet Kinder und ihre Familien ein anspruchsvolles museumspädagogisches Programmangebot. Das *Waisenhaus-Kabinett* im Erdgeschoss bietet einen anschaulichen Überblick über die Geschichte der Franckeschen Stiftungen von 1698 bis zur Gegenwart.

Im Dachgeschoss, im ehemaligen Schlafsaal der Waisenknaben, befindet sich die barocke *Kunst- und Naturalienkammer*, die als einzige vollständig erhaltene Kuriositätenkammer Europas gilt. Über 3.000 Naturalien, Kuriositäten und Artefakte aus aller Welt veranschaulichen in den originalen und teils reich verzierten Sammlungsschränken den ganzen Wissenskosmos des Barock. Anders als heutige Museen eröffnet die Kammer eine universale Weltsicht, nach der alle Bereiche des Lebens und alle Wissensgebiete in einem Zusammenhang betrachtet werden.

Über die historischen Stufen der schmalen Holzstiege erreicht man den *Altan*. Gebaut für die astronomische Unterweisung der Waisenkinder, erlaubt die hohe Position einen faszinierenden Blick über die Stadt Halle und das Gelände der Franckeschen Stiftungen.

Francke-Wohnhaus (Haus 28): Massivbau, ehemaliges Gasthaus „Zur goldenen Rose", das Francke 1702 erwarb. Von hier aus leitet er den Aufbau seines sozialen und pädagogischen Reformwerkes. Heute befindet sich hier neben dem Francke-Kabinett und der Bibelmansarde auch das *Info-Zentrum* der Franckeschen Stiftungen. Im *Francke-Kabinett* in der ehemaligen Wohnetage der Familie Francke stellt eine moderne multimediale Ausstellung die Stifterpersönlichkeit und seine vielfältigen Talente vor. Ob Theologe und Pädagoge, Globalplayer und Visionär, Wirtschaftsexperte oder Bauherr – prominente Persönlichkeiten des heutigen gesellschaftlichen Lebens wie Hans-Dietrich Genscher, Ulrich Wickert oder auch Ralph Caspers erzählen von den Begabungen und der Tatkraft Franckes.

Speise- und Singesaalgebäude (Haus 27): Fachwerk, errichtet 1710/11. Im Erdgeschoss historischer Speisesaal für mehrere hundert Personen (heute wieder als Mensa genutzt), darüber großer Versammlungs-, Bet- und Singe-

▶ Globen und Armillarsphäre in der Kunst- und Naturalienkammer

saal. Nach Rekonstruktion heute der *Freylinghausen-Saal*, benannt nach Johann Anastasius Freylinghausen (1670–1739), Nachfolger Franckes und bedeutender Kirchenliederdichter. An den Wänden Originalgemälde mit Porträts der Stiftungsdirektoren aus drei Jahrhunderten, auf der Ostempore Rühlmann-Orgel.

Englisches Haus (Haus 26): Fachwerkbau, errichtet zu Beginn des 18. Jh. mit Hilfe von Spenden aus England, als Wohnhaus der englischen Zöglinge, später Wohnhaus von Mitarbeitern.

Mägdeleinhaus (Haus 25): Fachwerkbau, errichtet 1709/10. Ursprünglich Wohn- und Unterrichtshaus für Waisenmädchen, später

Wohnhaus von Lehrern. Beide Häuser werden heute durch die Martin-Luther Universität genutzt. Dahinter befindet sich der *Niemeyer-Platz* mit Büste von August Hermann Niemeyer (1754–1828). Niemeyer, Theologe und Pädagoge, gilt als zweiter Begründer der Stiftungen. Die Büste ist eine vom halleschen Künstler Rossen Andreev geschaffene Nachbildung des Gusses, der Marmorbüste 1828 von Christian Friedrich Tieck (1776–1851). Gegenüber die *Francke-Gedächtnisurne*, Kopie des 1788 errichteten ersten Francke-Denkmals in Form einer Amphora.

Knabenwaisenanstalt (Haus 2–4): Massivbau, errichtet 1732/34. Zunächst von der Apotheke genutzt,

Blick in die Kulissenbibliothek

danach Unterrichtsräume und Wohnungen.

Mädchenwaisenanstalt (Haus 5–7): unmittelbar an das Haus 2–4 anschließend. Fachwerkbau, errichtet 1716/17. Ursprünglich Brau- und Darrhaus, später Mädchenwaisenanstalt.

Langes Haus (Haus 8–13): größter Fachwerkbau Europas, errichtet 1713/14. Der Bau, Länge 113 m, bis zu sechs Geschosse, ist die größte Fachwerkkonstruktion der Welt. Heute Evangelisches Konvikt, Pensionsanstalt und Musikhaus des Landesgymnasiums Latina August Hermann Francke.

Cansteinsche Bibelanstalt (Haus 23–24): Fachwerkbau, errichtet 1727/28 und 1734/35. Sitz der ersten Bibelanstalt der Welt. 1710 gründet August Hermann Francke zusammen mit Carl Hildebrand von Canstein die Cansteinsche Bibelanstalt, die bis 1938 bestand und über acht Millionen Bibeln in verschiedenen Sprachen und in unterschiedlichen Formaten herausgab. Sitz des Freundeskreises der Franckeschen Stiftungen, des Canstein Bibelzentrums, wissenschaftlicher Institute, der Bibliothek und des Archivs der Stiftungen. Hauptarchiv, Missions-, Verwaltungs- und Schularchiv mit etwa 200.000 handschriftlichen Stücken aus Europa, dem Orient, Indien und Nordamerika. Größte Palmblatthandschriftensammlung

Europas. Im Kreuzgewölbekeller zwei Kapellen, die evangelische St.-Georgs-Kapelle und die Orthodoxe Hauskirche zum heiligen Kreuz.

Historische Bibliothek (Haus 22): Ältester noch erhaltener profaner Bibliotheksbau in Deutschland. 1726–1728 in Massivbauweise errichtet. Im barocken, original erhaltenen Kulissenmagazin sind rund 33.000 alte Drucke in vielen Sprachen untergebracht. Dazu kommen mehrere Sondersammlungen und alle im Verlag des Waisenhauses erschienenen Publikationen. Themenbereiche: Theologie, Religionsgeschichte, Pädagogik, Wissenschaftsgeschichte des 18. Jh. Regelmäßig Kabinettausstellungen aus den Beständen der Historischen Bibliothek.

Ökonomiehaus (Haus 21): Mischbauweise, errichtet 1747/48. Ursprünglich Verwaltungsgebäude. Heute Sitz des Stadtsingechores, eines der ältesten deutschen Knabenchöre (wurde 1116 erstmals urkundlich erwähnt), der seit 1808 in den Stiftungen beheimatet ist. Am Ende des Lindenhofes *Denkmal August Hermann Franckes* von Christian Daniel Rauch (1777–1857). Marmorsockel nach einem Entwurf von Karl Friedrich Schinkel (1781–1841). Eingeweiht am 5. November 1829, Neueinweihung 1998.

Königliches Pädagogikum (Haus 19–20): 1695 gegründet, ab 1702

als Schule für wohlhabende und adlige Schüler eingerichtet. War die bedeutendeste Bildungseinrichtung der Franckeschen Stiftungen und erhielt bewusst einen eigenen Gebäudekomplex. Heute Haus der Generationen mit Altenpflegeheim der Paul-Riebeck-Stiftung, der Maria-Montessori-Grundschule und dem Familienkompetenzzentrum der Franckeschen Stiftungen.

Haus Apotheke: Rudolf-Breitscheid-Straße. Massivbau, errichtet 1870. Sitz der 1698 gegründeten *Apotheke* des Waisenhauses und Medikamenten-Expedition. Über 250 Jahre produzierte sie pharmazeutische Hausmittel und Spezialitäten, die sich großer Beliebtheit erfreuten und den Stiftungen Einnahmen verschafften. Seit 1991 privat betrieben.

*Kinderkrankenhaus (*Haus 51): Massivbau, errichtet 1721/22 mit Fachwerkanbau von 1820. Gilt als die erste deutsche Universitäts-Poliklinik und als erstes deutsches Kinderkrankenhaus. Derzeit Sitz der Kulturstiftung des Bundes.

Back- und Brauhaus (Haus 37–39): Massivbau, errichtet 1738/41. Gehörte zu den Selbstversorgungseinrichtungen der Stiftungen, historischer Backofen aus dem 18. Jh. erhalten, Gewölbekeller und Verbindungsgang zum *Speise- und Singesaalgebäude*, heute Geschäftsstelle der Stiftungen.

Franckeplatz 3–5: Letzte original erhaltene Bebauung des alten Glaucha, dessen Erscheinungsbild von Schenken und Gasthäusern dominiert wurde. *Franckeplatz 3*: Neubau der Kulturstiftung des Bundes, Fertigstellung 2011. *Franckeplatz 5*: Eckgebäude, errichtet als Massivbau in der ersten Hälfte des 16. Jh. und bekannt als besonders verrufenes Gasthaus „Zum Raubschiff". 1706 von Francke gekauft. Zunächst Damenstift, dann Wohnhaus für leitende Mitarbeiter. Seit Anfang des 20. Jh. und bis heute Sitz der 1691 gegründeten Buchhandlung des Waisenhauses.

Franckesche Stiftungen zu Halle
Franckeplatz 1
Zentrales Info-Telefon: (03 45) 2 12 74 50
infozentrum@francke-halle.de
www.francke-halle.de
Straßenbahn: Franckeplatz (1, 3, 4, 7, 8, 9, 11)
Infozentrum mit Kartenverkauf im Info-Zentrum im Francke-Wohnhaus, dort Francke-Kabinett, Historisches Waisenhaus mit Kunst- und Naturalienkammer, Waisenhaus-Kabinett, Altan, Historische Bibliothek
Di–So 10–17 Uhr, die Geländebesichtigung ist jederzeit möglich

◄ Denkmal für August Hermann Francke von Christian Daniel Rauch

ENTLANG DER SAALE

● **Ausgangspunkt:**
Burg Giebichenstein

57 KLAUSBERGE   S. 94

Wenige Meter vom Giebichenstein liegen die Klausberge. An dieser Stelle verengt sich das Saaletal, der Fluss hat sich durch den Porphyrfels gegraben. Es lohnt der Aufstieg zum Plateau, von dem man eine gute Sicht auf die Saale, den Giebichenstein, die Höhen bei Kröllwitz und

weiter bis zum Petersberg (S. 108) hat. Im Plateaubereich steht seit über hundert Jahren die *Eichendorff-Bank*. An dieser Stelle soll der Dichter in Erinnerung an seine hallische Studentenzeit (1805/06) das Gedicht „Bei Halle" geschrieben haben. Der Name Klausberge leitet sich von der Klause eines Einsiedlers ab, der um 1216 unterhalb der Felsen als Einsiedler lebte.

Zu den Sehenswürdigkeiten zählt die *Jahnhöhle* am Saaleufer. Hier soll sich Friedrich Ludwig Jahn

▲ Am Riveufer

95

Blick von Burg Giebichenstein auf die Saale und Kröllwitz

(1778–1852) während seiner Studentenzeit in Halle 1796–1800 mehrfach vor seinen Verfolgern versteckt haben. Seit 1878 ziert eine Gedenktafel mit dem Porträt des Patrioten und „Turnvaters" sowie den vier „Turner-Fs" (frisch, fromm, fröhlich, frei) den Eingang.
Straßenbahn: Am Klausberg (8), Seebener Straße (3, 8, 12)

58 GIEBICHENSTEIN-BRÜCKE S. 94

Der Saaleübergang zwischen dem Giebichensteiner und dem Kröllwitzer Ufer erfolgte bis 1870 durch Fähren. Bis 1882 konnte der Fluss gegen eine Maut von 3 Pfennigen auf einer Pontonbrücke überquert werden. Die heutige Brücke wurde 1926/28 erbaut. „Burg"-Lehrer

Gerhard Marcks (1889–1981) schuf mit den Plastiken vor den Südwestpfeilern einprägsame Symbole für den Brückenschlag zwischen Stadt (Pferd) und Land (Kuh).
Straßenbahn: Talstraße (7)

59 RIVEUFER MIT LEHMANNS FELSEN S. 94

Die Uferpromenade liegt unterhalb einer mächtigen Felswand. Hier hat sich die Saale vor Millionen Jahren ein Bett durch den anstehenden Porphyr gegraben. Die Felspartien wurden – wie tiefe Einbuchtungen zeigen – jahrhundertelang als Steinbrüche benutzt. Ein von den Arbeiten ausgenommener, heute frei stehender Porphyrriese trägt den Namen *Heinrich-Heine-Felsen* (Gedenktafel). Die alte Promenaden-

WEISSE FLOTTE

Die 427 km lange Saale ist für die Frachtschifffahrt von geringer Bedeutung. Fahrgastschiffe fahren je nach Wasserstand stromauf zu den Saaleburgen bei Naumburg und Bad Kösen. Die Hauptstrecke geht jedoch stromab zu den „Brachwitzer Alpen", nach Wettin (S. 108) und Kloschwitz. Die Fahrgast-Motorschiffe der Reederei Riedel – „Peißnitz", „Stadt Halle" und „Stadt Merseburg" – verfügen zusammen über etwa 600 Plätze.

Auskünfte zu den Fahrzeiten über Tourist-Information Halle
Tel.: (03 45) 1 22 99 84

straße erhielt den Namen des verdienstvollen Bürgermeisters Richard Rive, auch eine Stele gegenüber der Ochsenbrücke erinnert an ihn.

Vor seiner imposanten *Villa* (Burgstraße 46), 1890 im Stil der Neorenaissance errichtet, ließ der Bankier Heinrich Lehmann auf dem südöstlichen Plateau des Felsens über dem Riveufer einen weiträumigen Park (3,6 ha) mit Aussichtspunkten direkt an der Felskante anlegen. „Lehmanns Felsen" – seit 1956 offiziell *Heinrich-Heine-Park* – gehört zu den ruhigsten und gepflegtesten Anlagen der Stadt. Die Skulpturen im Park wurden während des 5. Internationalen Bildhauer-Symposiums 1996 geschaffen.

Straßenbahn: Volkspark (8), Burg Giebichenstein (7, 8)

60 ZIEGELWIESE S. 94

Seit rund 100 Jahren gehört die 12 ha große Ziegelwiese östlich der Peißnitzinsel zu den beliebtesten Partien der Saaleaue. Der Name stammt von der ehemaligen Ziegelei am Kirchtor. Von der 40 m hohen *Fontäne*, die in dem 1968 angelegten Teich installiert ist, heißt es, sie sei zu dieser Zeit die höchste in Europa gewesen. An der Brücke zur Peißnitz befindet sich ein *Bootsverleih*, der Kanus, Tretboote und führerscheinfreie Motorboote bereithält.

Fontäne: www.fontaene-halle.de
Bootsverleih: Tel.: (03 45) 20 36 90 87
www.bootsverleih-halle.de

61 PEISSNITZINSEL S. 94

Die stadtnahe Lage lockte bereits im 18. Jh. Spaziergänger auf das damals „Nachtigalleninsel" genannte Eiland. Die Nordspitze ist ein Refugium für Wasservögel und viele Tierarten, sie steht vollständig unter Naturschutz.

Um 1950 begann man im Zentrum der Insel den „Kulturpark Saaleaue"

PARKEISENBAHN PEISSNITZEXPRESS

Haupthaltepunkt unterhalb der Brücke der Freundschaft. Erbaut 1960, geschlossene, kreisförmige Strecke von 2 km Länge, Spurweite 600 mm. Offene Waggons, gezogen von Diesel- oder Elektrospeicherlokomotiven. Der Betrieb wird von Jugendlichen unter Anleitung erfahrener Bahnangestellter (die auch als Lokführer fungieren) gewährleistet. Sei 1991 unterstützt ein Förderverein die Arbeit.
Fahrzeiten: Mai–Okt. Mi. 10–11.30/15.30–17.30 Uhr, Sa., So. 10–12/13–18 Uhr (aktuelle Fahrplanauskunft u. a. unter www.pe-halle.de), an den Fahrtagen alle 30 min Rundfahrt, ca. 12 min.

anzulegen. Die 1892 erbaute Villa gegenüber dem „Hauptbahnhof" der Parkeisenbahn war jahrzehntelang ein beliebtes Ausflugslokal mit großem Biergarten und in der DDR Haus der Jungen Pioniere. Heute bemüht sich ein Verein um die Restaurierung und Nutzung des Hauses.

www.peissnitzhaus.de

Raumflug-Planetarium „Siegmund Jähn" (Peißnitzinsel 4 a): 1978 wurde diese schulastronomische Einrichtung gebaut, die sich inzwischen zu einer der größten in Deutschland entwickelt hat. Sie ist nach dem ersten Deutschen im Weltall benannt. In die Kuppel des Hauptsaales (Durchmesser 12,5 m) können u. a. alle Himmelskörper be-

Am Raumflug-Planetarium

züglich ihrer Stellung bzw. Bewegung im Raum projiziert werden.

Tel.: (03 45) 8 06 03 17

www.planetarium-halle.de

62 GIMRITZER PARK　S. 94

Von der Südspitze der Peißnitzinsel führt ein Weg in Richtung Mansfelder Straße. Die 3,5 ha große grüne Oase zeichnet sich durch einen seltenen Baumbestand aus. Dazu zählen Gurkenmagnolien, Lederhülsenbäume, Ginkgos und Tulpenbäume.

63 TECHNISCHES HALLOREN- UND SALINEMUSEUM　S. 94
★ TOP-TIPP

Dem Salz hat die Stadt viel zu verdanken: Ihre Gründung vor über 1.200 Jahren, ihren Aufstieg zu einer mächtigen Handelsmetropole, ihren Reichtum und die schöne alte Stadtlandschaft, die mit den Erlösen aus dem Salzexport errichtet werden konnte. Das Stadtwappen nimmt Bezug aufs Salz und auch die beliebteste hallische Sage, die vom Müllerburschen und dem Esel, der auf Rosen geht, hat mit dem Salzhandel zu tun (S. 51).

Die große Zeit der Salzgewinnung endete auch an der Saale mit der Entdeckung und Erschließung der reichen Steinsalzvorkommen in Deutschland und in Österreich. Produziert wurde in Halle dennoch bis 1964. Doch die Erinnerung ist lebendig geblieben, die Traditionen werden bewahrt und gepflegt.

Das Technische Halloren- und Salinemuseum

Der Silberschatz der Halloren besteht hauptsächlich aus Bechern und Pokalen

Die Salzgewinnung aus starker Sole konzentrierte sich am Hallmarkt (S. 57) und in den um 1720 aufgeführten Gebäuden der ehemaligen Königlich-Preußischen Saline auf der Jungfernwiese vor dem Klaustor. Auf dem Hallmarkt erinnert kaum noch etwas an die vergangene große Zeit als hier die Siedehäuser rauchten, und von der Saline sind nur noch Teile erhalten. In ihnen – in den Resten des Salzmagazins, im Uhrenhaus und im Siedehaus – befindet sich seit 1969 das *Museum*. Hier erhält der Besucher anhand ausgewählter Dokumente und Sachzeugen Einblick in die Arbeitsweise sowie das eigentümliche Brauchtum der in der *Salzwirkerbrüderschaft im Thale zu Halle*

organisierten Halloren, in die Arbeit der Salzwirker, der Bornknechte und vieler anderer Leute des Hallvolks, die am Werk beteiligt waren. Der Besucher erfährt auch manches über die Privilegien und „extraordinären Verrichtungen" der Halloren, sie bilden die älteste Berufsvereinigung in Deutschland. Dazu zählten einst der Hochwasser- und Feuerschutz und Schwimmmeisterdienste, der Fisch- und Lerchenfang, die Herstellung von Soleiern und Schlackwurst, auch das Recht, verstorbene Hallenser zu Grabe zu tragen. Nicht zu vergessen: Noch heute dürfen die Halloren dem jeweiligen Landesherrn – heute ist das der Ministerpräsident von Sachsen-Anhalt – anlässlich seines Amtsantritts eine

Das Schausieden vermittelt einen Eindruck von der harten Arbeit der Salzwirker

Schlackwurst und Soleier überreichen. Früher erhielten sie dafür ein Pferd und eine neue Fahne, heute spendet der Landesherr einen Pokal zum Silberschatz der Halloren.

Im Rahmen des Schausiedens wird der *Silberschatz der Halloren* gezeigt. Er besteht aus einer Sammlung von 90 künstlerisch wertvollen Silberbechern und Pokalen, 1 Kanne und 2 Gürtelketten, die den Halloren auch aufgrund ihrer Verdienste geschenkt worden sind. Der älteste Pokal stammt aus dem Jahre 1671.

Das mehrmals jährlich stattfindende *Schausieden* im Siedehaus ist eine ganz besondere Attraktion. Vorgeführt werden die Technik und die Arbeitsweisen des 19. Jh., von der Förderung der Sole, dem Sieden in einer Pfanne, der Bedienung aller notwendigen Nebeneinrichtungen wie Trockenpfannen und Abfüllanlagen bis zum Abpacken des Siedesalzes. Das Museum ist mit einer Jahresproduktion von 70 t der kleinste Salzproduzent Deutschlands und das einzige salzproduzierende Museum Europas – das hier hergestellte Hallorensiedesalz kann im Museum gekauft werden.

Mansfelder Straße 52
Tel.: (03 45) 2 09 32 30
www.saline-halle.de
www.salinemuseum.de
Salzwirkerbrüderschaft im Thale zu Halle: www.halloren.com
Di.–So. 10–17 Uhr, Gruppenführungen nach Voranmeldung
Straßenbahn: Saline (2, 4, 5, 9, 10, 11)

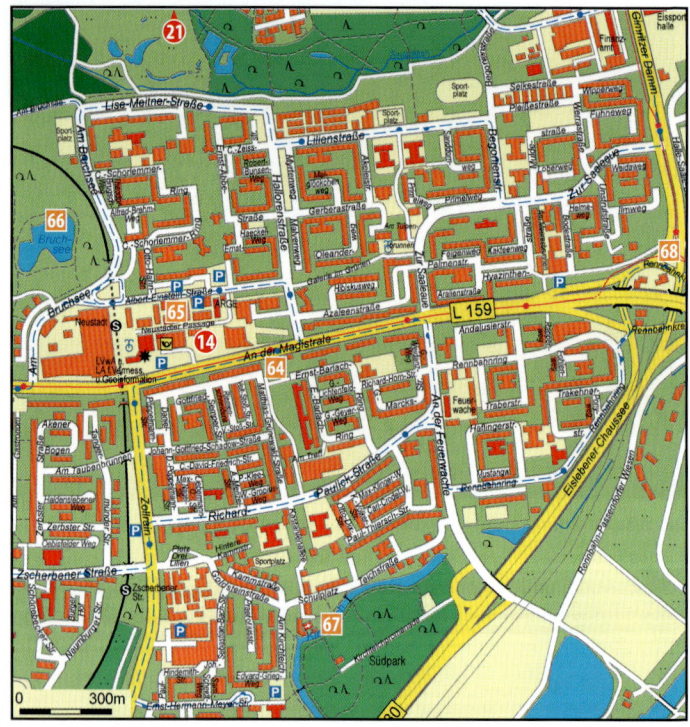

HALLE-NEUSTADT

64 AN DER MAGISTRALE
S. 102

Zentrale Verkehrsader der Neubaustadt ist die sogenannte Magistrale. Unmittelbar an der Haltestelle Zentrum Neustadt, befindet sich der *Frauenbrunnen*. Die überlebensgroßen Bronzefiguren wurden 1970 von Prof. Gerhard Lichtenfeld (1921–1978) geschaffen und 1974

▲ Vieles erinnert noch an die Vergangenheit als sozialistische Planstadt: etwa Majolikamalereien mit propagandistischen Motiven an einigen Häusern

in die großzügige Brunnenanlage integriert.

Straßenbahn: Zentrum Neustadt (2, 9, 10, 11) oder S-Bahn ab Hauptbahnhof

65 NEUSTÄDTER PASSAGE
S. 102

Die Anlage dieses ehemaligen Einkaufs- und Versorgungszentrums – eine offene Fußgängergalerie bildet die bauliche Klammer zwischen fünf sogenannten Punkthochhäusern (auch „Hochhausscheiben") – galt einmal als vorbildliche Lösung

HALLE-NEUSTADT GESTERN UND HEUTE

Halles größter Stadtteil entstand ab Juli 1964 westlich der Altstadt. Die neue Stadt, 1967–1990 selbständige Kommune, galt als Musterbeispiel sozialistischen Städtebaus in der DDR. Das unter dem Chefarchitekten Richard Paulick (1903–1999) erarbeitete Gesamtkonzept entsprach den Vorstellungen der SED vom „sozialistischen Arbeiten, Leben und Wohnen". Auf einer Fläche von etwa 1.000 ha wurden binnen 15 Jahren rund 33.000 Wohnungen gebaut. Ihre Durchschnittsgröße betrug 54 m². In Halle-Neustadt lebten am Ende der DDR fast 120.000 Menschen.

Die Gebäude wurden in Plattenbauweise errichtet. Fünfgeschosser waren die Regel, die höchsten Häuser haben bis zu 22 Geschosse. Den Mittelpunkt bildete ein Einkaufszentrum um fünf Hochhäuser. Um dieses Zentrum wurden „Wohnkomplexe" errichtet. Leistungen wie Fehlleistungen des industriellen Wohnungsbaus in der DDR können wohl nirgends besser studiert werden, als in Halle-Neustadt.

Bemerkenswert am Aufbau Halle-Neustadts ist, dass es hier vielfach gelang, Städtebau und bildende Kunst miteinander zu verbinden. Insgesamt gab es im öffentlichen Raum mehr als 200 Werke der bildenden Kunst: Plastiken, Metallgestaltungen, Großkeramiken, Brunnenanlagen und Wandbilder. Natürlich waren unter diesen Arbeiten auch Propagandawerke; vielfach aber sind Werke entstanden, die als Zeugen ihrer Zeit und für das Lebensgefühl jener Jahre durchaus repräsentativ sind.

einer städtebaulichen Aufgabe. Auf dem Platz hinter dem erst vor wenigen Jahren errichteten Magistralen-Carré befinden sich zwei Brunnen von Wolfgang Dreysse, die im Juli 1989 eingeweiht wurden. Zwei überlebensgroße *Jünglinge (Rufen und Hören)* stehen sich hier gegenüber. Die Arbeit thematisiert die Überwindung der gesellschaftlichen Stagnation in der späten DDR. Der Rufende fordert Aufmerksamkeit; beschwörend, mit erhobenen Armen ruft er zum Aufbruch. Der Hörende zögert noch, aber seine Abwehr ist schwach, er wägt bereits ab und beginnt, sich zu öffnen.

Am Ende der Neustädter Passage, die am modernen *Neustadt-Center* endet, befindet sich auf einer Freifläche der *Hodscha-Nasreddin-Brunnen.* Der Bildhauer Bernd Göbel hat ihn 1980 geschaffen, der Brunnen in der jetzigen Form existiert seit 2001.

66 BRUCHSEE   S. 102

Die 22.000 m² große Wasserfläche des Bruchsees bildet ein wertvolles Biotop inmitten von Halle-Neustadt. Die Westseite des Sees wird dominiert von einem lang gestreckten Elfgeschosser, dessen vorgebaute Treppenhäuser 1974 eine sich über die gesamte Höhe erstreckende *Majolikamalerei* auf Steinzeugfliesen erhielten. José Renau und Lothar Scholz schufen Allegorien auf den Aufschwung der Wissenschaften unter den Bedingungen des Sozialismus. Diesem Block schließt sich ein neu errichteter Verwaltungsbau an; im Eingangsbereich des Gebäudes hängt die ungewöhnliche Plastik *„Reflexion – Geschichte"* von Klaus Friedrich Messerschmidt.

67 PASSENDORF S. 102

Am Nordrand des Südparks befinden sich die Reste des Dorfes Passendorf. Der Ort wurde bereits 1091 urkundlich erwähnt. Das Rittergut gehörte zu den größten und ertragreichsten der Gegend; vom Reichtum der Besitzer zeugt noch heute das Schlösschen (19. Jh.).

Mit der im Jahr 1721 auf einem Vorgängerbau errichteten Dorfkirche verbindet sich eine Besonderheit. Die Evangelische Kirchengemeinde von Halle-Neustadt ist die bekannteste Neugründung einer Kirchengemeinde im (DDR-) Sozialismus. Das alte Gotteshaus war dazu prädestiniert, denn es war nicht gestattet worden, in den Wohnkomplexen eine neue Kirche zu errichten. Das Evangelische Kirchspiel Halle-Neustadt und Nietleben ist heute die größte Kirchengemeinde in Halle.

68 HARLEKIN AM RENNBAHNKREUZ S. 102

An der Straßenbahnhaltestelle Rennbahnkreuz balanciert hoch über den Köpfen der Passanten ein *Harlekin* auf wackligem Gestell mit seiner Stange (Christoph Reichenbach, 1999). Der Seilakrobat schreitet in Richtung Neustadt, blickt dabei aber zurück zur Altstadt. Hier ist die schwierige Gratwanderung gemeint, der immer wieder aufgenommene und stets aufs Neue zu unternehmende Versuch, Gegensätze zu überbrücken, das Alte und das Neue miteinander zu verbinden.

Der Harlekin balanciert zwischen alt und neu

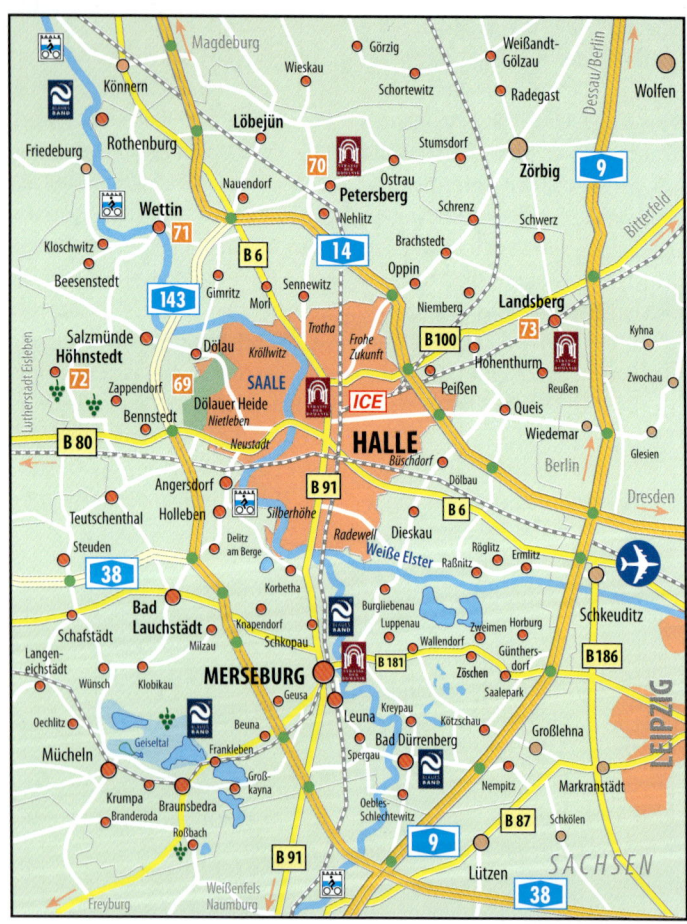

AUSFLÜGE IN DIE UMGEBUNG

69 DÖLAUER HEIDE   S. 106

Die systematische Erschließung der Dölauer Heide als Ausflugsgebiet für die Einwohner Halles und der Umgebung begann erst im 19. Jh. Vor allem die Studenten wählten sie als Ziel ihrer Himmelfahrtspartien und Pfingstausflüge. Die Heide wird von Fußpfaden, Rad-, Reit- und wenigen Wirtschaftswegen durchschnitten. Sehenswert sind die Steinkistengräber auf dem Schwarzen Berg

▲ In der Stiftskirche auf dem Petersberg

(135 m), die um ca. 2000 v. Chr. errichtet wurden. Sie waren Bestattungsstelle der sogenannten Schnurkeramiker (nach den Verzierungen auf ihren Tongefäßen). Der Aussichtsturm auf dem Kolkberg (133 m, Turmhöhe etwa 35 m) bietet eine weite Aussicht auf Halle und das Mansfelder Land.

Die Lage der einzelnen Objekte kann anschaulichen Übersichtstafeln an den Zugängen zur Heide und den zahlreichen Wegweisern entnommen werden. Straßenbahn: Heide (4, 5), Kröllwitz (7)

70 PETERSBERG S. 106

Der heute dicht bewaldete Berg beherrscht weithin das Landschaftsbild, denn er erhebt sich, rasch ansteigend, rund 150 m über die ihn umgebenden Dörfer des Saalekreises.

Graf Dedo von Wettin gründete 1124 auf dem Berg ein Augustinerchorherrenstift (Auflösung 1540). Graf Konrad der Große von Wettin, Markgraf von Meißen (1098–1157), Stammvater des späteren sächsischen Fürsten- und Königshauses, regte um 1128 den Bau der *Stiftskirche St. Petri* an. Bis 1184 entstand eine wuchtige, dreischiffige Säulenbasilika. Ihre kunsthistorische Bedeutung gewinnt die Kirche durch die nur ihr eigenen architektonischen Maße und durch zahlreiche Fragmente originaler Bauornamentik. Dazu kommen wertvolle Kapitelle und die Grabmale für zehn Wettiner Fürsten.

Der 1965 gegründete kleine *Tierpark* lohnt den Besuch mit Kindern. Gezeigt werden überwiegend im mitteldeutschen Raum vorkommende Tiere. Es gibt mehrere Streichelgehege.

Das *Museum Petersberg* befindet sich in einem 1752 als königlich-preußisches Forsthaus errichteten Vierseitgehöft. Den Besucher erwarten u.a. Ausstellungen zur Geschichte des historischen Saalkreises und zu Konrad von Wettin, eine historische Backstube kann besichtigt werden. Regelmäßig interessante Sonderausstellungen.

Anfahrt (Auto): A 14 oder B 6 Richtung Magdeburg
Anfahrt (Bus): ab Zentraler Omnibushaltestelle (ZOB) am Hauptbahnhof (ca. 30 min)

Stiftskirche St. Petri
Bergweg 11 • Tel.: (0 34 06) 2 04 09
www.christusbruderschaft.de
April–Okt. 7–21 Uhr, Nov.–März 8–19 Uhr

Bergtierpark
Bergweg 15
Tel.: (0 34 06) 2 02 29 oder 2 93 14
www.museum-petersberg.de
April–Okt. Di.–So. 10–17 Uhr, Nov.–März 10–16 Uhr

Museum Petersberg
Hallesche Straße 28
Tel.: (0 34 06) 2 02 29
www.museum-petersberg.de
Di.–So. 10–17 Uhr

71 WETTIN UND DIE TEMPLERKAPELLE IN MÜCHELN S. 106

Wettin, eine kleine Stadt im Saalkreis, ca. 25 km nördlich von Halle, ist Stammsitz der Wettiner, die als Markgrafen, Kurfürsten und später als Könige von Sachsen über Jahrhunderte die deutsche Geschichte maßgeblich beeinflussten. Die das Stadtbild prägende *Burg* beherbergt heute u.a. ein Gymnasium. Unmittelbar an der Saale gelegen

Lorbeerplastik in der Templerkapelle

Templerkapelle: April–Sept. 10–19 Uhr, Okt.–März 10.30–16 Uhr Stadtmuseum (Burgstraße 4): Mo./Di. 12–17 Uhr, Do. 12–18 Uhr, Fr. 11–15 Uhr, Sa./So., Feiertage (nur April–Okt.) 13–17 Uhr

72 HÖHNSTEDT UND DIE WEINSTRASSE MANSFELDER SEEN S. 106

Das hoch gelegene Höhnstedt ist der Hauptort der 2003 eröffneten, 22 km langen Weinstraße Mansfelder Seen. Um den Ort werden seit mehr als 1.000 Jahren Reben kultiviert.

Von den zahlreichen Straußwirtschaften auf den Höhen, die zwischen Mai und Oktober zum Besuch einladen, bietet sich ein schöner Blick auf die Seen des Mansfelder Landes.

An der Weinstraße liegen mehrere bedeutende Bau- und Kulturdenkmale. So das bereits 770 erwähnte Seeburg mit Burg und Schloss Seeburg und die schlichten romanischen bzw. gotischen Dorfkirchen in Wormsleben und Unterrißdorf.

Tel.: (03 46 01) 2 02 42

www.weindorf-hoehnstedt.de

www.vino-info.com

www.weinstrasse-mansfelder-seen.de

Anfahrt (Auto): über B 80 Richtung Eisleben

Anfahrt (Bus): ab Zentraler Omnibushaltestelle (ZOB) am Hauptbahnhof (zwischen 30 bis 40 min)

und mit dem anderen Ufer durch eine Fähre verbunden, ist der Ort Anlegestelle für Fahrgastschiffe. Es gibt zahlreiche Ausflugslokale.

Im Gut Mücheln (Ortsteil Wettins), urkundlich erstmals 1240 erwähnt, wurde um 1280 eine *Kapelle* des Ordens der Templer geweiht. Der Orden gewann große Macht und beteiligte sich in führender Position an den Kreuzzügen. Seit 1988 schrittweise rekonstruiert, ist das historische Kleinod heute Ort von Sommerkonzerten und Gottesdiensten.

Tel.: (03 46 07) 2 03 20 (Wettin-Information, Burgstraße 4), hier auch Führungen in Wettin und zur Templerkapelle buchbar • www.wettin.de

Anfahrt (Auto): über B 6 oder A 14 Richtung Magdeburg

Anfahrt (Bus): ab Zentraler Omnibushaltestelle (ZOB) am Hauptbahnhof (ca. 45 min)

Die Doppelkapelle St. Crucis hoch über Landsberg

73 LANDSBERG S. 106

Die Stadt, ca. 15 km östlich von Halle, war im 12. Jh. Hauptort der Ostmark (Stadtrecht seit 1579). Ein kleiner historischer Stadtkern mit Stadtkirche St. Nicolai (12. Jh.), Rathaus (16. Jh.) und kursächsischer Postmeilensäule (1730), das Museum „Bernhard Brühl" sowie das um 1200 auf einem schroffen Porphyrfelsen erbaute Gotteshaus auf dem Kapellenberg sind einen Besuch wert.

Die Doppelkapelle St. Crucis (Straße der Romanik) ist ein hervorragend erhaltenes Beispiel für zweigeschossige Burgkapellen der Stauferzeit und eines von etwa 20 erhaltenen Bauwerken dieser Art in Europa. Die Burg selbst wurde 1514 vollständig zerstört und abgetragen. Die Unter-

und die Oberkapelle haben je drei gleich hohe Schiffe. In beiden Kapellen wertvolle Kapitell-Ornamentik. Zwischen Mai und Oktober finden Konzerte, Lesungen und Stadtführungen statt.

Tel.: (03 46 02) 2 06 90 (Museum)
www.stadt-landsberg.de
Anfahrt (Auto): über B 100
Anfahrt (Regionalbahn): ab Hauptbahnhof (ca. 25 min)
Museum Hillerstraße 8: Di., Do., Sa./So. 13–17 Uhr und nach Vereinbarung
Doppelkapelle (nur mit Führung): Mai–Okt. Sa. 15 Uhr, So. 11/15 Uhr und ganzjährig nach Vereinbarung, bei 15-Uhr-Veranstaltungen am So. findet die Führung anschließend statt

Hall in Sachsen

KLEINE STADTGESCHICHTE

VORGESCHICHTE UND
ERSTE ANFÄNGE

Im Jahr 806 berichtete der Mönch Einhardt in seinen Annalen von einem fränkischen Kastell „am östlichen Ufer der Saale, bei dem Ort, welcher Halla heißt". Die Befestigung hatte die Aufgabe, ein wichtiges Gut zu schützen: Hier quoll salzhaltige Sole aus der Erde. Sie konnte auf relativ einfache Art und Weise

▲ Halle im Dreißigjährigen Krieg (mit Gefecht auf dem Markt), 1630

aufgefangen und zu Salz gesotten werden.

Halle verdankt seinen späteren Reichtum dem weißen Gold. Im Jahr 961 schenkte Kaiser Otto I. dem Kloster St. Moritz in Magdeburg „den ganzen Gau Neletice mit allen seinen Nutzungen." In diesem Gau lag den Burgort Giebichenstein, zu dem die sich ausbreitende Stadt gehörte. Hier lebten bald die wichtigsten Beamten des 968 gegründeten Erzbistums Magdeburg. Halle entwickelte sich rasch zu einem lebendigen Gemeinwesen. Ab 1100 erhielt die Stadt einen steinernen Mauerring. Er wurde während des gesamten Mittelalters ständig ausgebaut und verstärkt, bis etwa 40 Wehrtürme und Schalen zwischen teilweise dreifachen Mauern vorhanden waren.

1258 wird erstmals ein hallischer Rat urkundlich erwähnt, dieser bemühte sich um Unabhängigkeit vom Erzbischof. Das gelang nur zeitweise, zudem gab es mehrere mächtige Klöster innerhalb der Mauern. In der Stadt lebten zu dieser Zeit etwa 4.000 Menschen.

1280 trat Halle der Hanse bei, deren Farben Rot und Weiß kamen ins Stadtwappen. Nur wenig mehr als 200 Jahre währte Halles Herrlichkeit, dann war der Traum von einer Freien Reichsstadt, einer Stadt, die nur dem Kaiser untertan war, ausgeträumt. Die Erzbischöfe hatten abgewartet, bis Kämpfe zwischen den Innungen, der Kaufmannschaft, den Pfännern und dem einfachen Volk ausbrachen.

ANBRUCH EINER NEUEN ZEIT

1476 zog Erzbischof Ernst triumphierend ein, er errichtete die Moritzburg als Zwingburg gegen die Bürgerschaft, Halle war „das Herz des Erzstiftes" geworden. In jenen Jahren wurde die Moritzburg zu einer der prächtigsten Hofburgen Deutschlands. Ernsts Nach-

Stadtsiegel aus dem 14. Jh.

folger Albrecht tat viel für Halles Stadtlandschaft, und es entstand, was heute noch bewundert wird: Er ließ den Marktplatz umbauen und die beiden Kirchen St. Gertruden und St. Marien zu einem Gotteshaus vereinen. Der Kardinal regte die Anlage des Stadtgottesackers an, der heute als der schönste Camposanto nördlich der Alpen, ja in Europa angesehen wird. Unter Albrecht erhielt die alte Kirche St. Pauli ihre Gestalt als Dom. Auch das als Grundstein für eine Katholische Universität gedachte Stift, seit dem 17. Jh. Residenz genannt, wurde errichtet. Dazu der Kühle Brunnen und manch anderes Gebäude. 1541 musste Albrecht seine Lieblingsresidenz verlassen, denn die Hallenser waren abgefallen vom alten Glauben, Martin Luther hieß ihr Mann. Der Reformator predigte zum ersten Mal im Jahre 1545 in der Marktkirche.

VOM 16. ZUM 18. JAHRHUNDERT

Nach den Wirren der Glaubenskämpfe und des Dreißigjährigen Krieges, der auch Halle schwer getroffen hatte, erholte sich die Stadt doch schneller, als zu hoffen war. Das Erzbistum Magdeburg war im Westfälischen Frieden von 1648 dem Hause Brandenburg zugesprochen worden. Die Hohenzollern mussten aber ganze 32 Jahre warten, bis der sächsische Administrator August starb, erst 1680 ergriff der Kurfürst Besitz von der Stadt. Er gewährte in seinem Staat flüchtigen französischen Protestanten Asyl. Mit den Hugenotten begann der wirtschaftliche Aufschwung. Die Franzosen führten die Handschuhfabrikation und die Strumpf-

wirkerei ein, sie errichteten Glasschleifereien und Schneidereien. In der Stadt wurden nun Flanelle und Tapeten bedruckt, Spitzen und Perücken hergestellt. Schon um 1700 gehörten zur französischen Gemeinde mehr als 700 Personen, und das bei einer Einwohnerzahl Halles von knapp 10.000 Menschen.

Entscheidend aber für den Ruf, der Halle in aller Welt bekannt machte, waren zwei Ereignisse: die Gründung der Universität 1694 und die Errichtung der Franckeschen Stiftungen 1695.

Die nahen sächsischen Universitäten Leipzig, Wittenberg und Jena mussten sich gemäß dem Willen der orthodoxen Lutheraner in Lehre und Forschung vielfachen Doktri-

Die Industrialisierung des 19. Jh. wird auch auf zeitgenössischen Darstellungen Halles sichtbar – Schornsteine prägen die Ansicht (kolorierter Stich, Mitte 19. Jh.)

nen beugen. Halle besaß die Chance und nutzte sie, alle erstarrten Formen abzuwerfen und eine Universität zu schaffen, die Menschen zum praktischen und tätigen Leben erzog. Für diese Linie trat Christian Thomasius ein, der Mann, der an der Spitze des folgenden Zeitalters der Aufklärung stand. Männer wie Friedrich Hoffmann, Professor der Medizin, fünfmaliger Rektor der Universität, und der Philosoph Christian Wolff, förderten den guten Ruf der neuen Alma Mater. Halle war ein Jahrhundert lang die am meisten besuchte Universität in Deutschland.

Vom bürgerlichen Leben Halles nach dem Dreißigjährigen Krieg heißt es bei den Chronisten, dass die Moral auf einem Tiefpunkt angekommen war. Dem wollte der Theologe August Hermann Francke mit der Gründung seines Waisenhauses entgegenwirken. Getragen vom Geist pietistischer Frömmigkeit entstand im Laufe einer dreißig Jahre währenden Arbeit eine pädagogische und soziale Einrichtung, die beispielhaft für ganz Europa war, ja auf die ganze Welt ausstrahlte.

DAS 19. JAHRHUNDERT

Im Jahre 1806 wurde Halle als erste Stadt in Preußen von den napoleonischen Armeen überrannt und ausgeplündert. Erst 1813 wendete sich das Blatt. Trotz aller Not der Nachkriegsjahre wuchs die Stadt, 1841 hatte sie 28.139 Einwohner. Im Jahr zuvor wurde Halle Knotenpunkt des Eisenbahnverkehrs in Mitteldeutschland. Unternehmer wie Carl Adolph Riebeck erschlossen den Bodenschatz der Region, die Braunkohle. Gruben, Schwellerein, Brikettfabriken, Mineralölwerke entstanden. Zuckerfabriken wurden gegründet; solche für Maschinenbau, Armaturen und Dampfkessel folgten. Es bildete sich eine Industrielandschaft, die Tausende landlose Bauern anzog. 1890 hatte die Stadt 100.000 Einwohner. Die Grenze zur Großstadt war überschritten. Soziale Gegensätze prallten aufeinander, das Elend ballte sich und ihm folgte das politische Bewusstsein – der erste Parteitag der SPD nach dem Fall des Sozialistengesetzes fand 1890 in Halle statt.

DAS 20. JAHRHUNDERT

Den 2. Weltkrieg hat Halle im Vergleich mit anderen Städten verhältnismäßig unbeschadet überstanden. Doch 15 Prozent der Häuser und Wohnungen fielen noch im März 1945 einem Luftangriff zum Opfer. Die Saalebrücken hatten die „Verteidiger" zum größten Teil gesprengt. Dank des Mutes hallischer Bürger, unter ihnen der legendäre Felix Graf von Luckner, konnte jedoch verhindert werden, dass die amerikanischen Truppen die Stadt zusam-

Auch in Halle gingen die Menschen 1989/90 auf die Straße, um Veränderungen in der DDR zu bewirken

menbombten. Sie wurde ihnen am 16. April nahezu kampflos überlassen. Am 2. Juli zogen die Amerikaner ab und Sowjetdivisionen ein.

1947 wurde in der sowjetischen Besatzungszone das Land Sachsen-Anhalt gegründet und Halle dessen Hauptstadt. 1952 hob die 1949 gegründete DDR die Länder wieder auf. Halle war nun Hauptstadt des gleichnamigen Bezirkes und blieb das bis zur Wiederherstellung des Landes Sachsen-Anhalt 1990.

In den 40 Jahren der DDR war Halle „Chemiemetropole". 300.000 Menschen wohnten in der Altstadt, im 1964 gegründeten Halle-Neustadt und in zahlreichen eingemeindeten Dörfern. Die Altstadt aber verfiel trotz aller Mühe ihrer Bürger Haus um Haus. „Diva in Grau", diesen traurigen Namen erwarb sich damals Halle.

Herbst 1989 – die Zeit war reif, der Funke, der in Leipzig gezündet hatte, schlug auch auf Halle über. Die erste große Montagsdemonstration fand am 16. Oktober statt, am 28. Dezember versammelte sich der Runde Tisch, um über Halles weitere Wege zu beraten. 311.396 Hallenserinnen und Hallenser wurden am 3. Oktober 1990 Bürger der Bundesrepublik Deutschland.

Im Jahr 2006 hatte Halle etwa 235.000 Einwohner. Sie feierten mit Tausenden von Gästen das 1.200-jährige Jubiläum ihrer Stadt.

115

BRANDENBURG, ALBRECHT VON

*1490, †1545 in Aschaffenburg
Kurfürst, Kardinal, Erzbischof von Magdeburg und Mainz

Kardinal Albrecht führte den Ablasshandel, die Vergebung der Sünden durch bare Zahlung an die Kirche, zu ungeahnter Blüte. Albrecht war auch ein Freund der Wissenschaften und der Künste. Halle verdankt ihm den Bau der Marktkirche, des Domes, der Neuen Residenz, des Stadtgottesackers und weiterer Bauten der Renaissance. Nach dem Sieg der Reformation verließ Albrecht Halle unter Mitnahme seiner Reliquiensammlung, des „Halleschen Heiltums".

FRANCKE, AUGUST HERMANN

*1663 in Lübeck, †1727 in Halle
Theologe, Pädagoge

Francke wurde 1692 Pfarrer in Glaucha (damals Vorstadt von Halle). Francke gilt als Hauptvertreter des Pietismus, er setzte sich gegen die erstarrte lutherische Orthodoxie für religiöse Erneuerung, für ein tätiges Christentum ein. 1695 gründete er eine Armenschule, aus der im Laufe weniger Jahrzehnte die „Franckeschen Stiftungen" erwuchs. Programm der „Stiftungen" war die Erziehung von Jungen und Mädchen zur Gottseligkeit bei Berücksichtigung der Erfordernisse des praktischen bürgerlichen Lebens. Franckes Bildungsanstalt wurde Vorbild für zahlreiche Schu-

len in Deutschland, Europa, Indien und in den USA.

GENSCHER, HANS-DIETRICH
*1927 in Reideburg (heute Halle)
Rechtsanwalt, Politiker

Der Politiker Genscher ist besonders in seiner Funktion als Bundesaußenminister (1974–1992) bekannt geworden. Als solcher förderte er eine Politik der Entspannung gegenüber den osteuropäischen Ländern und wirkte 1989/90 maßgeblich an der politischen Herstellung der deutschen Einheit mit.

Zu seiner hallischen Heimat (Genscher ging hier zur Schule und studierte an der Universität) hielt er stets Kontakt. Nach 1989 engagierte er sich u. a. für die Franckeschen Stiftungen, seit 1991 ist er Ehrenbürger der Stadt.

HÄNDEL, GEORG FRIEDRICH
*1685 in Halle, †1759 in London
Komponist, Organist

Händel gilt als der erste deutsche Musiker mit Weltruf. Der Sohn eines Wundarztes erhielt seine Ausbildung am Hof in Weißenfels und in Halle, wo er 1702 – zu dieser Zeit Student der hallischen Universität – Organist am Dom wurde. 1712 wählte er London als ständigen Wohnsitz. Hier wurde er 1713 Hofkomponist und 1727 englischer Staatsbürger. Auch in dieser Zeit besuchte er, so oft es ging, seine Vaterstadt.

Neben seinen Opern komponierte Händel auch zahlreiche Oratorien und Instrumentalmusik. Zu seinen bekanntesten Kompositionen zählen das Oratorium „Messias" mit dem „Halleluja" sowie die „Feuerwerks"- und die „Wassermusik".

LUCKNER, FELIX GRAF VON
*1881 in Dresden, †1966 in Hamburg
Seefahrer, Schriftsteller

Der Graf gehört zu den legendären Männern des 20. Jh. Er lebte zu verschiedenen Zeiten in Halle, das er als seine Vaterstadt ansah. Mit 13 Jahren ging er zur See. Während des 1. Weltkrieges versenkte er als Kaperkapitän zahlreiche gegnerische Schiffe. Zwischen den Weltkriegen arbeitete er, insbesondere bei Reisen durch die USA, für die Völkerverständigung. 1945 gehörte Luckner zu den Hallensern, die durch ihren mutigen Einsatz die Stadt vor der Zerstörung durch die vorrückenden US-Truppen retteten.

THOMASIUS, CHRISTIAN

*1655 in Leipzig, †1728 in Halle
Universalgelehrter

Der berühmteste deutsche Gelehrte des 17./18. Jh. und Mitbegründer der Universität Halle hielt ab 1687 als einer der ersten Akademiker Vorlesungen in deutscher Sprache. Er begründete die Philosophie der Aufklärung, wandte sich gegen weltfremde Frömmelei, drang auf die Abschaffung der Folter und bekämpfte den Hexenwahn. Thomasius forderte, Pflichten nicht nur Gott gegenüber zu erfüllen, sondern auch sich selbst und allen Mitmenschen gegenüber. In seiner Naturrechtslehre stellte er die Vernunft als Grundlage des Naturrechts heraus.

WOLFF, CHRISTIAN

*1679 in Breslau, †1754 in Halle
Gelehrter

Wolff, Sohn eines armen Mannes, studierte zunächst Theologie, wechselte dann aber zur Mathematik und erhielt 1706 eine entsprechende Professur in Halle. Sein Hauptwerk „Vernünftige Gedanken" umfasst zwölf Bände und ist eine systematische Enzyklopädie der Wissenschaften im Zeitalter der Aufklärung. 1723 wurde er von seinen Gegnern aus Halle vertrieben, von Friedrich II. aber 1740 ehrenvoll zurückberufen. Wolffs Philosophie beherrschte über Jahrzehnte das Denken in Deutschland und Europa.

▶ Großstadttreiben am Stadthaus – auf dem Markt befinden sich u. a. die Touristinformation und das HAVAG-Center, Veranstaltungstickets gibt es im Galeria Kaufhof

ÜBERNACHTUNG

HOTELS

❶ DORMERO HOTEL ROTES ROSS**** S. 82
★ TOP-TIPP ÜBERNACHTUNG

€€–€€€€€   Luxus inmitten der City: 74 Zimmer und 15 Suiten geschmackvoll und individuell eingerichtet. Ruhig an der Fußgängerzone gelegen, mit Parkhaus, Kosmetikstudio, Wellness- und Fitnessbereich.
Leipziger Straße 76, Franckestraße 1
Tel.: (03 45) 23 34 30 • Fax: 23 34 36 99
info.halrro@gold-inn.de
www.dormero-hotel-rotes-ross.de

❷ MARITIM HOTEL HALLE**** S. 82

€€€€€   Nur 250 Meter vom Hauptbahnhof entfernt, direkt an der Fußgängerzone zur Altstadt liegt das MARITIM Hotel Halle mit 298 eleganten und klimatisierten Zimmern, zwei Restaurants, Terrasse, Tanzbar, Lobbybar, 12 Veranstaltungsräumen, großem Ballsaal, Pool mit Sauna, Dampfbad, Solarium, Fitnessgeräten, Frisörsalon und Kosmetikstudio, Bus- und PKW-Parkplätzen am Hotel.
Riebeckplatz 4
Tel.: (03 45) 5 10 10 • Fax: 5 10 17 77
info.hal@maritim.de • www.maritim.de

❸ ANKERHOF**** S. 94

€€€€–€€€€€   Das Hotel nahe der Händel-Halle besitzt 50 schallisolierte, individuelle Zimmer mit Natursteinwänden und Holzbalken. Extras: Fitness-Club; Saunalandschaft; Massage- und Beautysalon und Bowling-Bar.
Ankerstraße 2 a
Tel.: (03 45) 2 32 32 00 • Fax: 2 32 32 19
reception@ankerhofhotel.de
www.ankerhof.de

❹ DORINT CHARLOTTENHOF****S S. 82
★ TOP-TIPP ÜBERNACHTUNG

€€€€€   Das Lieblingshotel von Hans-Dietrich Genscher – aus gutem Grund: Der attraktive First-Class-Hotelneubau im Herzen der Stadt bietet 164 sehr gepflegte und ruhige Jugendstilzimmer

Preisniveau: Doppelzimmer €€€€ ab 100 € / €€€€ ab 80 € / €€€ ab 60 € / €€ ab 40 € / € unter 40 €

★ TOP-TIPPS ÜBERNACHTUNG

DORMERO HOTEL ROTES ROSS
Das traditionsreiche Haus steht für luxuriöse Unterbringung und entspanntes Wohlfühlen.

DORINT CHARLOTTENHOF
Vielfältige Wellnessangebote und Übernachten im Jugendstil in Altstadtnähe.

APART-HOTEL
„Theater"-Hotel mit individuellen, z. T. thematisch eingerichteten Gästezimmern.

ESPRIT-HOTEL
Gemütliches „Galerie"-Hotel mit Ausstellungen hallischer Maler und Grafiker.

PENSION BERGSCHENKE KRÖLLWITZ
Übernachten hoch über der Saale, vis-à-vis der Burg Giebichenstein.

---

und 2 Suiten, um die sich ein stets gut gelauntes Team sorgt. Gaumenfreuden kann man im Restaurant „Charlott" oder im Salon „Georg Friedrich Händel" genießen. Extras: Der Tagungsbereich und der Vital Club bieten einen außergewöhnlichen Blick über die Altstadt von Halle. Tiefgarage vorhanden. Der Preistipp unter den Besten!
Dorotheenstraße 12
Tel.: (03 45) 2 92 30 • Fax: 2 92 31 00
info.halle-charlottenhof@dorint.com
www.dorint.com/halle

❺ APART-HOTEL***** S. 70
★ TOP-TIPP ÜBERNACHTUNG

€€€€ Jugendstilhaus mit 50 Gästezimmern (39 DZ/11 EZ), direkt beim Landesmuseum für Vorgeschichte gelegen. Extras: Restaurant; Theaterbar; 2 Veranstaltungsräume; ein Wellness- und Fitnessbereich mit Sauna, Dampfbad und Solarium.

Kohlschütterstraße 5
Tel.: (03 45) 5 25 90 • Fax: 5 25 92 00
info@apart-halle.de
www.apart-halle.de

❻ HOTEL MARTHAHAUS*** S. 60
€€€–€€€€ Schöner Altbau in einer ruhigen Seitenstraße der City in der Nähe des Opernhauses. 20 moderne, einfach eingerichtete Zimmer, Frühstück im Lichthof.
Adam-Kuckhoff-Straße 5
Tel.: (03 45) 5 10 80 • Fax: 5 10 85 15
hotel@stiftung-marthahaus.de
www.stiftung-marthahaus.de

ÜBERNACHTUNGSHINWEISE IM INTERNET
www.halle.de
www.stadtmarketing-halle.de
www.hotel.de/halle
www.saale-tourist.de

---

❼ DORMOTEL HOTEL EUROPA*** S. 82

€€€–€€€€   Nur 200 m vom Hauptbahnhof entfernt, warten 104 Komfortzimmer (79 EZ/25 DZ) auf ihre Gäste. Extras: Tagungsräume (5–35 Pers.), Sauna, Solarium, Parkplätze und Tiefgarage.
Delitzscher Straße 17
Tel.: (03 45) 5 71 20 • Fax: 5 71 21 61
info@dormotel-halle.de
www.dormotel-halle.de

❽ SOLITAIRE HOTEL*** S. 82

€€€–€€€€   Appartementhotel (106 Appartements) in Innenstadtrandlage. Extras: hoteleigener Garten; Lichthof, Besprechungsräume, Parkplätze.
Streiberstraße 38
Tel.: (03 45) 51 50 60 • Fax: 5 15 06 53
info@solitaire.de • www.solitaire.de

❾ CITY-HOTEL AM WASSERTURM**** S. 60

€€€   Ruhige Lage im Paulusviertel, dennoch zentrumsnah. 50 modern eingerichtete Zimmer. Extras: Sauna, Möglichkeit für Tagungen, Feierlichkeiten.
Lessingstraße 8
Tel.: (03 45) 2 98 20 • Fax: 5 12 65 43
info@city-hotel-halle.de
www.city-hotel-halle.de

❿ HOTEL-PENSION „AM RATSHOF"*** S. 40

€€€   Wenige Meter vom Markt steht dieses historische Bürgerhaus mit 15 ruhigen Zimmern. Extra: Frühstücksbuffet im gotischen Gewölbe.

Rathausstraße 14
Tel.: (03 45) 2 02 56 32 • Fax: 50 25 51
info@hotel-am-ratshof.de
www.hotel-am-ratshof.de

⓫ ESPRIT HOTEL*** S. 82
★ TOP-TIPP ÜBERNACHTUNG

€€€   Gemütliches, familiengeführtes „Galerie"-Hotel nahe des Rannischen Platzes, mit insgesamt 11 Betten in 7 Zimmern. Die EZ gehen nach hinten, die DZ zur Straße. Extras: Restaurant mit deutscher Küche; Tagungsmöglichkeit für bis zu 25 Personen.
Torstraße 7
Tel.: (03 45) 21 22 00 • Fax: 212 20 22
info@esprit-hotel.de
www.esprit-hotel.de

⓬ HOTEL AM STADTBAD*** S. 60

€€€   Familiär geführtes Stadthotel. 20 geschmackvoll eingerichtete Gästezimmer zur Straße oder in den ruhigen Hof.
Große Steinstraße 63
Tel.: (03 45) 2 99 88 80 • Fax: 29 98 88 55
hotel@hotel-stadtbad.de
www.hotel-stadtbad.de

⓭ HOTEL KRÖLLWITZER HOF S. 94

€€€   Ruhig gelegenes Hotel, in der Nähe der Burg Giebichenstein. 12 einfache Doppelbettzimmer, 2 Gasträume á 40 Plätze. Extras: Biergarten; Fahrradverleih. Ausreichend Parkplätze vorhanden.
Schinkelstraße 7
Tel.: (03 45) 5 51 14 37 • Fax: 5 51 14 35

Am Abend kann man in der Hotelbar den Tag ausklingen lassen

rezeption@kroellwitzer-hof.de
www.kroellwitzer-hof.de

⑭ INTERCITY HOTEL*** S. 102
€€–€€€ Modernes Haus in Halle-Neustadt (119 Z). Extras: Restaurant mit internationaler Küche; Bar; Sommerterrasse, Kosmetikstudio. Kostenlose Nutzung des Nahverkehrs für Hotelgäste.
Neustädter Passage 5
Tel.: (03 45) 6 93 10 • Fax: 69 31 6 26
halle@intercityhotel.de
www.halle.intercityhotel.de

PENSIONEN

⑮ PENSION BERGSCHENKE KRÖLLWITZ S. 70
★ TOP-TIPP ÜBERNACHTUNG
€€€ 4 Nichtraucher-DZ mit Business-ausstattung und ein fantastischer Blick auf den Giebichenstein. Extras: Restaurant; Biergarten; Jugendstilsaal und Bowling. Hausparkplatz.
Kröllwitzer Straße 45
Tel.: (03 45) 2 11 88 55 • Fax: 2 11 88 22
info@bergschenke.de
www.bergschenke.de

⑯ PENSION „DESSAUER HOF" S. 60
€€€ Direkt am Wasserturm befinden sich 7 ansprechende, jedoch nicht ganz leise Zimmer. Uriges Gasthaus inklusive.
Paracelsusstraße 9
Tel.: (03 45) 2 90 90 28 • Fax: 2 90 90 29
pension-dessauer-hof@web.de
www.pension-dessauer-hof.de

⑰ PENSION „AM ALTEN MARKT" S. 40
€€–€€€ Das Haus in der Altstadt hat 6 im Landhausstil eingerichtete Zimmer.

Preisniveau: Doppelzimmer €€€€€ ab 100 € / €€€€ ab 80 € / €€€ ab 60 € / €€ ab 40 € / € unter 40 €

Extra: Antiquitätengalerie im Haus.
Schmeerstraße 3
Tel.: (03 45) 5 21 14 11 • Fax: 5 21 14 12
www.zimmervermittlung-halle.de

⑱ PENSION & CAFÉ AM KRÄHENBERG   S. 94

€€–€€€   Ruhige Lage (16 Zimmer.)
Extras: eigene Konditorei, Restaurant,
finnische Sauna, römisches Dampfbad.
Am Krähenberg 1
Tel.: (03 45) 5 22 55 06 • Fax: 5 22 55 59
pensionamkraehenberg@t-online.de
www.pensionamkraehenberg.de

JUGEND-UNTERKÜNFTE

⑲ APPARTEMENT 2000   S. 60

€€   Funktionale Appartements mit
Pantry-Küche. 7 Gehminuten vom
Marktplatz entfernt. Parkplatz auf
Wunsch.
Zinksgartenstraße 9
Tel.: (03 45) 5 22 22 12• Fax: 5 22 22 12
krieger-gellert@t-online.de
www.appartement2000.de

⑳ JUGENDHERBERGE   S. 60

€   Jugendstilvilla neben der Universi-
täts- und Landesbibliothek mit vielfälti-
gem Freizeit- und Tagungsangebot.
August-Bebel-Straße 48 a
Tel.: (03 45) 2 02 47 16• Fax: 2 02 51 72
www.jugendherberge-halle.de
jh-halle@djh-sachsen-anhalt.de

㉑ VILLA JÜHLING E. V., EVANGELISCHE JUGEND-AUSBILDUNGSSTÄTTE   S. 102

€   Übernachtungsmöglichkeiten für
max. 70 Personen in 1- bis 5-Bett-Zim-
mern. Neben Kinder-, Jugend- und Ta-
gungsgruppen sind auch „normale" Gäste herzlich willkommen. Extras: Auf dem
Gelände ist jede Menge Platz zum Rum-
toben und auch ein Lagerfeuerplatz.
Semmelweisstraße 6
Tel.: (03 45) 55 1 16 99
Fax: (03 45) 5 50 85 98
info@villajuehling.de
www.villajuehling.de

㉒ HOSTEL NO. 5   S. 10

€   Das Hostel verfügt über verschiedene Mehrbettzimmer mit bis zu
6 Betten. Extras: Fahrradverleih und
-parkplatz, Gemeinschaftsküche, Früh-
stücksraum.
Robert-Franz-Ring 5
Tel.: (01 63) 7 93 98 58
Fax: (03 45) 5 63 65 95
hostel-no5@gmx.de
www.hostel-no5.de

㉓ CITYSTATIONHOSTEL   S. 82

€   Sehr gepflegte 2- bis 6-Bett-Zim-
mer in der Nähe des Hauptbahnhofs.
Extras: voll ausgestattete Küche; Auf-
enthaltsraum; Fahrradverleih; Grill-
möglichkeit.
Raffineriestraße 16 a
Tel.: (01 74) 3 15 44 13
citystationhostel@yahoo.de
www.hostel-halle.de

GASTRONOMIE

Ein annähernd vollständiges Verzeichnis listet für die Stadt 600 Restaurants, Cafés und Kneipen auf. Es gibt, wenn auch Haute Cuisine begrenzt ist, in allen Preiskategorien gute Angebote. Die Stadt verfügt mit der Sternstraße und der Kleinen Ulrichstraße über zwei echte „Szenemeilen". In beiden befinden sich urige Kneipen und Studentencafés neben zahlreichen Restaurants mit gehobenem Niveau.

GASTSTÄTTEN, RESTAURANTS

ALCHIMISTENKLAUSE
★ TOP-TIPP RESTAURANT

€€ Lokal mit urigem Ambiente, einer umfangreichen und vielfältigen, aber durchaus nicht alltäglichen Speisenkarte. Hervorragender Service, sehr freundliche Bedienung. Regelmäßig saisonale Karte und Themenwochen.
Reilstraße 47 • Tel.: (03 45) 5 23 36 48
restaurant-alchimistenklause@t-online.de
www.alchimistenklause.de
Tgl. 11.30–24 Uhr

BALATON

€–€€ Original ungarische Küche in allen Variationen und ein Wirt, bei dem die Rechnung wortwörtlich aus der Pistole geschossen kommt.
August-Bebel-Straße 1
Tel.: (03 45) 2 94 44 92
kontakt@balaton-restaurant.de
www.balaton-restaurant.de
Mo. 18–23 Uhr, Di.–Sa. 11.30–
14.30 Uhr u. 18–23 Uhr

BECHERSHOF

€–€€ Historisch-deftige Gerichte nach alten Rezepten. Zum Menü (Gruppen ab 20 Pers.) können auch Erzähler in historischer Tracht vorbestellt werden.
Schmeerstraße 22/23
Tel.: (03 45) 6 82 53 39
webmaster@bechershof.de
www.bechershof.de
Mo.–So. 11–24 Uhr

BERGSCHENKE KRÖLLWITZ

€€–€€€ Vom Felsengarten und der hoch gelegenen Saaleterrasse hat man einen wunderschönen Ausblick auf das Saaletal und die Burg Giebichenstein.
Kröllwitzer Straße 45
Tel.: (03 45) 2 11 88 55
info@bergschenke.de
www.bergschenke.de
Tgl. ab 11 Uhr

BOOTSSCHENKE „MARIE-HEDWIG"

€ Auf einem stillgelegten Lastkahn an der Saale kann man in urigem Ambiente preiswert essen. Gutbürgerliche Küche, empfehlenswert natürlich Fischgerichte.

Hauptgericht ohne Getränke €€€ ab 15 € / €€ ab 10 € / € unter 10 €

125

★ TOP-TIPPS GASTSTÄTTEN UND RESTAURANTS

ALCHIMISTENKLAUSE
Gemütliches Restaurant der gehobenen Küche mit vielen Themenwochen.

IMMERGRÜN
Junge, kreative Küche, sternverdächtig

CHATEAU & CO.
Anspruchsvolle Küche mit angeschlossener Vinothek – ein Muss für Weinliebhaber.

HALLESCHES BRAUHAUS
Im ehemaligen Patrizierhaus kann man u. a. hausgebrautes Bier genießen.

WENZEL PRAGER BIERSTUBEN
Authentische böhmische Küche, besonders für große Gruppen geeignet.

Riveufer 11 • Tel.: (03 45) 5 32 12 13
Sommer: tgl. ab 12 Uhr, Winter: Mo.–Fr. ab 13 Uhr, Sa./So. ab 11 Uhr

CHATEAU & CO.
★ TOP-TIPP RESTAURANT

€€–€€€ Neben internationaler Gourmetküche, die Wert auf die Verwendung von Bio-Produkten legt, lädt auch eine Vinothek zur Weinverkostung ein. Weinseminare können ab 10 Pers. vorbestellt werden. Die helle und moderne Einrichtung beherbergt zudem wechselnde Fotoausstellungen.
Am Kirchtor 27 • Tel.: (03 45) 3 88 04 20
info@chateau-halle.de
www.chateau-halle.de
Mo.–Sa. 18–24 Uhr

DINEA RESTAURANT

€ Frisch zubereitete Gerichte aus internationaler und regionaler Küche. Wunderbarer Blick auf den Markt mit dem Panorama der fünf Türme von der Terrasse des Restaurants.
Marktplatz 20
www.dinea-restaurants.de
Mo.–Sa. 9.30–20 Uhr

DOMPFAFF

€–€€ Reichhaltige Küche mit regionalen und internationalen Einflüssen, regelmäßig kulinarische Extraangebote.
Domplatz 5 • Tel.: (03 45) 2 02 97 92
info@dompfaff.com • www.dompfaff.com
So./Mo. 11.30–22 Uhr, Di.–Sa. 11.30–24 Uhr

DREI KAISER

€€–€€€ Gutbürgerliche Küche, ergänzt durch Hausspezialitäten und eine monatlich wechselnde Zusatzkarte.
Bergstraße 1 • Tel.: (03 45) 2 03 18 68
gastronomie-wilhelm-gmbh@web.de
www.dreikaiser.com
Tgl. ab 11.30 Uhr

GASTHAUS „ZUM SCHAD"

€€   Neu gegenüber dem Händel-Haus eingezogen, bietet das Schad traditionsgemäß selbst gebraute Biere und solide, gutbürgerliche Küche und Spezialitäten.
Kleine Klausstraße 3
Tel.: (03 45) 5 23 03 66
info@zum-schad.de • www.zum-schad.de
Tgl. ab 11 Uhr

GASTHOF „ZUM MOHR"

€€   Ältester Gasthof der Stadt (1550 erstmals urkundlich erwähnt) mit gutbürgerlicher Küche. Innenausstattung, mit vielfachem Bezug zum Gaststättennamen. Im Sommer kommt ein gemütlicher Biergarten dazu.
Burgstraße 72 • Tel.: (03 45) 5 20 00 33
Tgl. ab 17 Uhr, So. ab 11.30 Uhr

GLÄSERNE PRIVATBRAUEREI SCHAD

€€   In der Gaststätte mit ihrer Minibrauerei haben schon Gorbatschow und Genscher gespeist. Deftige Gerichte. Für Kinder gibt es eine Spielecke.
Reilstraße 10 • Tel.: (03 45) 6 84 53 22
Tgl. ab 10 Uhr

GOLDNES HERZ

€–€€   Böhmische Spezialitäten im urigen Ambiente. Gesellen auf der Walz bekommen nach alter Tradition ½ Liter Bier und eine warme Suppe umsonst.
Mansfelder Straße 57
Tel.: (01 72) 8 72 14 41
Mo.–Sa. 12–15/17–23 Uhr, So. u. Feiertage 11–15 Uhr

GROBER GOTTLIEB

€–€€   Altdeutsche Bauernschänke mit rustikaler Kost. Seit 1996 originell mit Speisekarte in hallischer Mundart.
Große Märkerstraße 20
Tel.: (03 45) 2 02 88 72
www.grober-gottlieb.de
Tgl. ab 11 Uhr

HALLESCHES BRAUHAUS
★ TOP-TIPP RESTAURANT

€–€€   In Halles ältestem Renaissancebau kann man sich wahlweise im historischen Gewölbe oder im hellen Neubau mit selbst gebrauten Bierspezialitäten, Halleschen Flammkuchen oder regionalen Speisen verwöhnen lassen und dem Braumeister bei seiner Arbeit zusehen.
Große Nikolaistraße 2
Tel.: (03 45) 21 25 70
info@halleschesbrauhaus.de
www.brauhaushalle.de
Mo.–Fr. ab 11 Uhr, Sa./So. ab 10 Uhr

Hauptgericht ohne Getränke €€€ ab 15 € / €€ ab 10 € / € unter 10 €

RESTAURANT „IMMERGRÜN"
★ TOP-TIPP RESTAURANT

€–€€€ Gegenüber dem Händel-Haus kann man sich auf ein ständig abwechselndes, saisonal geprägtes Angebot freuen. Ab 18 Uhr werden die Speisen in grüner Kulisse aufgetischt.
Kleine Klausstraße 2
Tel.: (03 45) 5 21 60 56
Tgl. ab 14.30 Uhr

„KLEINES ROSS – RESTAURANT & BAR"

€€€ Halles „größtes" Wohnzimmer mit Kamin und 2.500-Liter-Meerwasseraquarium bietet den stilvollen Rahmen für erlesene Weine und gehobene Küche.
Leipziger Straße 76 • Tel.: (03 45) 23 34 30
fo.rotesross@gold-inn.de
www.gold-inn.de
Mo.–Sa. 12–23 Uhr

KRUG ZUM GRÜNEN KRANZE
€–€€ Eines der traditionsreichsten Ausflugslokale Halles. Deftige Hausmannskost, Kuchen- und Eisangebote direkt an der Saale.
Talstraße 37 • Tel.: (03 45) 2 99 88 99
krug@krugzumgruenenkranze.de
www.krugzumgruenenkranze.de
Tgl. ab 11 Uhr

MITTELALTERLICHE BURGSCHÄNKE „ZUM RITTER"

€€ Essen und trinken wie unsere Vorfahren. Rüstungen und antike Waffen bilden das passende Ambiente zu allerlei Speißen und Getränken im Krug.

Sternstraße 7 • Tel.: (03 45) 2 94 30 27
Mo.–Fr. ab 17 Uhr, Sa./So. ab 11.30 Uhr

MÖNCHSHOF
€–€€ Traditionsreiches Lokal, seit 100 Jahren am Fuße der Marktkirche auf dem Hallmarkt. Deftige, grundsolide altdeutsche Küche im entsprechenden Ambiente.
Talamtstraße 6 • Tel.: (03 45) 2 02 17 26
kontakt@moenchshof-halle.de
www.moenchshof-halle.de
Mo.–Sa. 11–24 Uhr, So./Feiertage 11–15 Uhr

OBJEKT 5
€€ Im kultigen Objekt 5 kann man in der „Ruine" oder im wohl romantischsten Biergarten Halles leckere Gerichte genießen. Eintrittskarten für Konzerte im Objekt sind hier ebenfalls erhältlich.
Seebener Straße 5
Tel.: (03 45) 47 82 33 60
info@objekt5.de • www.objekt5.de
Tgl. ab 11 Uhr, So. Frühstücksbrunch ab 10 Uhr

OSTERIA DA SALVATORE
€–€€ In gediegen-gemütlicher Atmosphäre wird eine moderne, sehr kreative italienische Küche geboten, die aber nicht extravagant wirkt. Liebevoll arrangierte Köstlichkeiten und Weine aus allen italienischen Wein-Regionen.
Bergstraße 7
Tel.: (03 45) 6 81 96 10
Tgl. 11.30–24 Uhr

PALAIS S

€–€€ Ein großer Gastraum im romantischen, rustikalen Stil und eine schöne Sonnenterrasse direkt an der Saale, dazu gute Küche.

Ankerstraße 3 c

Tel.: (03 45) 9 77 26 51 • www.palaiss.de

Mo.–Sa. ab 18 Uhr, So. 10–15 Uhr (Brunch)

RATSHERRENKLAUSE

€–€€ Im schönen Gewölberaum kann man ebenso gemütlich sitzen wie im Biergarten. Gutbürgerliche Küche.

Rathausstraße 14 • Tel.: (03 45) 2 08 27 58

www.hotel-am-ratshof.com

Mo.–Sa. 11.30–15 Uhr und 17– 23 Uhr, So. 11.30–15 Uhr

SCHANKWIRTSCHAFT „ZUR APOTHEKE"

€–€€ Lokal mit bürgerlicher Küche. Urige Inneneinrichtung, zu der viele Apothekengegenstände gehören. Ein lauschiger Biergarten darf nicht fehlen.

Mühlberg 4 a • Tel.: (03 45) 50 31 18

Mo. 16–1 Uhr, Di.–Do./So. 10–1 Uhr, Fr.–Sa. 10–2 Uhr

SUSHI AM OPERNHAUS

€–€€ Zahlreiche, auch vegetarische Gerichte und Sushi-Variationen mit fangfrischem Fisch. Di./Do. All-you-can-eat.

August-Bebel-Straße 3–5

Tel.: (03 45) 6 81 66 27

www.sushi-freunde.de

Mo.–Fr. 11.30–14 Uhr u. 18–22 Uhr, Sa. 18–23 Uhr, So. 18–22 Uhr

WENZEL PRAGER BIERSTUBEN
★ TOP-TIPP RESTAURANT

€–€€ Die Wenzel Prager Bierstuben sind ein traditionelles tschechisch-böhmisches Gasthaus. Hier erwartet Sie die ganz Vielfalt der gutbürgerlichen Küche unserer Nachbarn. Angestoßen wird natürlich mit böhmischem Bier und einem guten Becherovka. Das Lokal liegt direkt im Zentrum von Halle. Auf die kleinen Besucher warten eine Spielecke und extra Leckereien. Bei schönem Wetter lädt der gemütliche Biergarten zum Verweilen ein.

Große Nikolaistraße 9–11

Tel.: (03 45) 47 04 99 80

halle@wenzel-prager-bierstuben.de

www.wenzel-prager-bierstuben.de

Tgl. 11–23 Uhr

WEINKONTOR AM DOM

€–€€ Weinladen und Restaurant mit schönem Flair. Man sitzt, trinkt und isst inmitten des aufgebauten Weinsortiments oder unter freiem Himmel am Mühlgraben mit Blick auf den Dom.

Robert-Franz-Ring 21

Tel.: (03 45) 2 00 33 51

Tgl. ab 17 Uhr

VEGETARISCH ESSEN

BIOBISTRO LES GLYCINES

Speisen, Kuchen und Getränke in Bioqualität. Das Bistro befindet sich gleich gegenüber vom Bioladen. Täglich wechselnde Tagesgerichte.
Stephanusstraße 12 • Tel.: (03 45) 6 84 54 91 • www.biomarkt-halle.de
Mo.–Fr. 10–24 Uhr, Sa. 18–24 Uhr

[LA KA ROT]

Kleines Bistro mit ausschließlich veganen Speisen und Getränken.
Ludwig-Wucherer-Straße 29 • Tel.: (03 45) 9 59 29 81 • www.lakarot.de
Mo.–Fr. 12–22 Uhr, Sa. 18–22 Uhr

ÖKOASE – VEGETARISCHES RESTAURANT & PARTYSERVICE

Freundliches und rauchfreies Restaurant im Zentrum Halles in unmittelbarer Nähe von Händel-Haus und Dom. Es gibt leckere und frisch zubereitete Speisen in angenehmer Atmosphäre. Freisitze vorhanden.
Kleine Ulrichstraße 2 • Tel.: (03 45) 2 90 16 04 • www.oekoase-halle.de
Mo.–Sa. 8.30–21 Uhr, jeden 1. So. im Monat großes Frühstücksbüffet 9.30–14 Uhr

WIRTSHAUS SCHWEJK

€–€€   Böhmische Küche und Getränkespezialitäten. Alles in liebevoll eingerichteten Räumen mit Wandmalereien zu Hašeks bekanntem Antihelden. Im Sommer sitzt man ruhig im lauschigen grünen Biergarten.
August-Bebel-Straße 52
Tel.: (03 45) 4 78 99 66
www.wirtshaus-schwejk-halle.de
Tgl. ab 17 Uhr

ZANZIBAR & RESTAURANT

€€–€€€   Klein, aber fein, so könnte das Motto der auf zwei Etagen verteilten Zanzibar lauten. Neben verschiedenen Cocktails genießt man hier auch den Blick auf das Treiben am Universitätsring.
Universitätsring 6 a
Tel.: (03 45) 6 86 74 20 • www.zanzi-bar.de
Mo.–Fr./So. ab 11 Uhr, Sa. ab 18 Uhr

ZUM SAMOWAR

€   Russische Gastlichkeit in einer gemütlichen Gaststube. Hier gibt es typische Gerichte wie Blini, Pelmeni, Soljanka zu genießen. Dazu baltisches Bier, russischen Wodka und Sekt von der Krim
Scharrenstraße 4
Tel.: (03 45) 1 71 79 45
www.zumsamowar.de
Mo.–Do. 18–24 Uhr, Fr./Sa. 18–1 Uhr

CAFÉS

CAFÉ ALLEGRO

Kaffeespezialitäten aus fairem Handel unweit des Händel-Hauses, dazu diverse Snacks, Kuchen und Tagesgerichte.
Kleine Marktstraße 7
Tel.: (03 45) 2 05 64 88
cafeallegrohalle@gmx.de
www.cafeallegro.de
Mo.–Fr. 7–19 Uhr, Sa. 8–17 Uhr

CAFÉ HOPFGARTEN

Das traditionsreiche Caféhaus ist seit fast 100 Jahren im Familienbesitz. Große und bemerkenswert preiswerte Auswahl an hausgebackenem Kuchen.
Rannische Straße 13
Tel.: (03 45) 2 02 36 72
Di.–Fr. 9–18 Uhr

CAFÉ N8

Das N-8 am Händel-Haus bietet eine gute Gelegenheit, abzuspannen oder ein Gespräch zu führen, etwa beim üppigen Sonntagsbrunch.
Große Nikolaistraße 8
Tel.: (03 45) 2 00 29 20
info@cafe-n8.de • www.cafe-n8.de
Mo.–Fr./So. 9–1 Uhr, Sa. 9–2 Uhr

CAFÉ NOIR

Szenecafé auf zwei Etagen. Kuchen, Kaffee und eine große Teeauswahl komplettieren die Gemütlichkeit.
Kleine Ulrichstraße 30
Tel.: (03 45) 6 81 63 46
Mo.–Sa. ab 9 Uhr, So. ab 10 Uhr

CAFÉ NÖÖ

Eine der ersten Nachwendekneipen, die bis heute zu den angesagten Szenelokalen gehört, Freisitz vor dem Haus.
Große Klausstraße 11
Tel.: (03 45) 2 02 16 51
Mo.–Fr. ab 9 Uhr, Sa./So. ab 10 Uhr

CAFÉ UND GARTENLOKAL AM PEISSNITZHAUS

Ab April können Kinder auf der Spielestraße oder im Sandkasten toben. Es gibt sowohl Kuchen als auch Bock- und vegetarische Würste, im Sommer wird Sa./So. gegrillt. Außerdem steht den Gästen ein kostenfreies W-Lan-Netz zur Verfügung.
Peißnitzinsel 4 • Tel.: (03 45) 1 35 01 91
www.peissnitzhaus.de
Tgl. ab 14 Uhr (bei schönem Wetter)

CAFÉ ПОТЕМКИН (POTEMKIN)

In der kleinen, sehr gemütlichen Bar mit Freisitz kann man u. a. kubanische Zigarren probieren und es sich bei Wein, Cocktails und ruhiger Musik gutgehen lassen.
Kleine Ulrichstraße 27
Tel.: (03 45) 9 59 81 38
Mo.–Do. 9–1 Uhr, Fr./Sa. 9–2 Uhr

CAFÉ SCHADE

Halles älteste Konditorei (seit 400 Jahren). Hier werden mit die besten (selbst gemachten) Torten der Stadt angeboten, auch ein kleiner Imbiss ist möglich.
Seebener Straße 20
Tel.: (03 45) 5 23 15 51
Mo.–Sa. 9–18 Uhr, So./Feiertage 10–18 Uhr

★ TOP-TIPPS CAFÉS

KAUFMANN'S LADEN
Täglich mindestens zehn verschiedene Angebote stellen den Kuchenbedürftigen vor eine schwere Wahl.

NT-CAFÉ
Schöne, moderne Kaffeehausatmosphäre auf Halles „Kulturinsel".

IL ROSPO – CAFÉ & SCHOKOLADEN
Keines Café mit Spezialitäten wie hausgemachten Pralinen.

MORITZKUNSTCAFÉ
Entspannen im Hof der Moritzburg bei Gerichten in Anlehnung an die dortigen Ausstellungen.

ROTER HORIZONT
Tee- und Kaffeespezialitäten inmitten von Halles Szenecafémeile.

CAFÉ 36

Szenetreff für Künstler, Schauspieler und Medienleute: Portugiesischer Kaffee und Bier sowie Snacks stehen auf der Karte.
Große Ulrichstraße 36
Tgl. ab 8 Uhr

CAFÉ THE ART

Café, Bar und Restaurant. Neben Kaffee und Wein auch Cocktails und seltene Gerichte, z. B. Rehsteaks.
Sternstraße 4 • Tel.: (03 45) 6 78 38 29
Mo.–Do. 11.30–1 Uhr, So. 9.30–24 Uhr

CAFÉ URANIA

Frühstücksbuffet im ehemaligen UFA-Kino. Täglich ab 8 Uhr kann man es für nur 3.99 Euro genießen, dazu gibt es Kaffeespezialitäten.
Moritzburgring 1 • Tel.: (03 45) 6 88 88 88
Mo.–Fr. ab 8 Uhr, Sa.–So. ab 9 Uhr

COLONNE MORRIS

Kuschel-Wohnzimmer mit Bar. Bei Kaffee, Saft oder Wein kann man hier gemütlich am Kachelofen, auf Möbeln der 60er und 70er ausruhen. Gegen den kleinen Hunger gibt's Baguettes, Käse, Oliven und Kuchen. W-Lan vorhanden.
Victor-Scheffel-Staße 8
Tel.: (03 45) 27 98 31 76
Tgl. ab 10 Uhr

HALLOREN CAFÉ

Im Halloren Café genießt man zu Kaffee, Tee und Kuchen zusätzlich noch die Spezialitäten der ältesten deutschen Schokoladenfabrik. Dazu gibt es gratis einen schönen Blick über den Markt.
Marktplatz 13
Tel.: (03 45) 2 99 76 79 • www.halloren.de
Mo.–Sa. 9–20 Uhr, So./Feiertage 10–18 Uhr

IL ROSPO – CAFÉ & SCHOKOLADEN
★ TOP-TIPP CAFÉ

Handgemachte Köstlichkeiten aus Schokolade, Kuchen und Plätzchen nach hauseigener Rezeptur, heiße mexikanische Schokolade sowie selbst gemachte Trüffel finden sich hier neben wechselnden Tagesgerichten. Regelmäßig werden Themenmenüs angeboten.
Burgstraße 4 • Tel.: (03 45) 6 82 44 64
www.ilrospo.de
Mo./Di. 9–18 Uhr, Mi.–Fr. 9–22 Uhr, Sa./So. 10–18 Uhr

KAUFMANN'S LADEN
★ TOP-TIPP CAFÉ

Der Geheimtipp für Kuchenliebhaber! Russischbrot-Kuchen mit Schmanddecke, Streuselkuchen nach Familienrezept oder der Geheimtipp: New York Cream Cheese Cake? Alles ganz frisch zubereitet, und die Früchte kommen direkt aus dem Garten. Extra: Einfach das Rezept des Lieblingskuchens hinbringen und backen lassen.
Ludwig-Wucherer-Straße 55
Tel.: (03 45) 1 71 27 22
www.kaufmannsladen-halle.de
Mo.–Fr. 9–19 Uhr, Sa./So./Feiertage 10–19 Uhr

KLAMOTTENKAFFEE

Der Name ist Programm. Kleidung gepaart mit gemütlicher Kaffee-Bar-Atmosphäre und großem Aquarium.
Kleine Ulrichstraße 24
Tel.: (03 45) 2 54 98 00
Mo.–Fr. 11–19 Uhr, Sa. 11–15 Uhr

MORITZKUNSTCAFÉ
★ TOP-TIPP CAFÉ

Das Café der Moritzburg bewirtet seine Gäste auch außerhalb der Museumsöffnungszeiten. Neben einem Mittagsangebot dürfen sich die Besucher auf diverse Kuchen und Torten freuen.
Friedemann-Bach-Platz 5
Tel.: (03 45) 4 70 48 07
www.moritzkunstcafe.de
Mo. 11–14 Uhr, Di.–So., an Feiertagen 10–18 Uhr

NEW EMELI

Im New Emeli kann man an der langen Bar oder auf dem Freisitz vorm Lokal das Kaffee- und Kuchenangebot genießen. Ebenso gibt es Frühstück, Mittag, Snacks und eine große Getränkekarte.
Kleine Ulrichstraße 26
Tel.: (03 45) 2 03 50 20
Mo.–Sa. ab 8 Uhr, So. ab 10 Uhr

NT-CAFÉ
★ TOP-TIPP CAFÉ

Kaffee trinken und ausgezeichnet essen auf der Kulturinsel im Herzen Halles. An der Decke hängen von hallischen Künstlern bemalte Kugellampen, an den Wänden Porträts berühmter oder vergessener hallischer Persönlichkeiten. Die Fensterflächen sind bestückt mit einer wundersamen Sammlung von Kaffeegeschirr. Freisitz vor dem Café.
Große Ulrichstraße 50/51
Tel.: (03 45) 2 05 02 32 • www.ntcafe.de
Mo.–Do. 9–24 Uhr, Fr. 9–1 Uhr, Sa. 10–1 Uhr, So. 10–20 Uhr

Hauptgericht ohne Getränke €€€ ab 15 € / €€ ab 10 € / € unter 10 €

PANTA RHEI

Hier kann sich der Gast in einladenden Sitzecken Kaffeespezialitäten und selbst gebackenen Kuchen oder belegte Brötchen zu fairen Preisen schmecken lassen. Weitere Spezialität des Hauses ist die selbst gemachte Pasta.
Dachritzstraße 2
Tgl. 9–20 Uhr

ROTER HORIZONT
★ TOP-TIPP CAFÉ

Das Tee- und Kaffeehaus mit großem Freisitz hat sich in seinem Angebot besonders auf verschiedene Teesorten und -spezialitäten konzentriert. Das Innendesign erinnert an eine Mischung aus 50er-Jahre-Science-Fiction und Flughafenterminal. Frühstück und die Variationen von heißer Schokolade sind sehr empfehlenswert.
Kleine Ulrichstraße 27
Tel.: (03 45) 7 79 26 43
Tgl. 9–24 Uhr

KNEIPEN, BARS, SZENETREFFS

ALTES POSTAMT
★ TOP-TIPP KNEIPEN, BARS

Hier trifft man sich zum Quatschen, spielt Karten oder genießt einfach die Atmosphäre. Regelmäßig Live-Musik.
Bernburger Straße 25 a
Tel.: (03 45) 4 70 16 55
Mo.–Fr. ab 15 Uhr, Sa./So. ab 17 Uhr

BROHMERS

Die neu eröffnete Kneipe mit großer Terrasse im Freien bietet sowohl kleinere Snacks als auch größere Gerichte an.
Bernburger Straße 9
www.brohmers.de
Mo.–Sa. 17–1 Uhr, Sa. 10–1 Uhr

BUCA DI. BACCIO

In der italienischen Weinbar sitzt man in bequemen Lederstühlen und genießt, neben Zigarren sowie edlem Whiskey, eine der insgesamt vierzig Weinsorten aus allen Regionen Italiens. Kleine Speisen wie Antipasti oder Käseteller.
Kleine Ulrichstraße 21
Tel.: (03 45) 4 72 31 99
Tgl. 18–1.30 Uhr

CZECH
★ TOP-TIPP KNEIPEN, BARS

In der Mischung aus Café und Bar werden sowohl jeweils wechselnde, warme Tagessuppen zum Mittag als auch Cocktails und Bier angeboten. Kostenfreies W-Lan-Netz für Gäste.
Mittelstraße 7
Mo.–Do. 10–1 Uhr, Fr.–So. 10–2 Uhr

CAFÉ DEIX

Während man in Ruhe ein Bier oder ein Glas Wein trinkt, kann man Ausstellungen lokaler Künstler betrachten. Auch ein romantisch gemütlicher Hinterhof-Biergarten lädt zum Verweilen ein.
Seebener Straße 175
Tel.: (03 45) 5 22 71 61 · www.cafe-deix.de
Tgl. ab 18 Uhr, So. ab 10 Uhr Brunch

134

EXIL

Mit vielen originellen Stücken des weit gereisten Wirts Kneipe. Ideal zum Schwatzen. Wenn es warm draußen ist, sind die zwei großen Falttüren zur Burgstraße hin offen.

Burgstraße 62 • Tel.: (03 45) 9 59 29 04

Tgl. ab 17 Uhr

DAS HAUS

An seiner blauen Farbe zu erkennen, liegt Das Haus mit seinem lauschigen Biergarten direkt am Universitätsring.

Scharrenstraße 10

Tel.: (03 45) 4 72 29 05

Tgl. ab 18 Uhr, im Winter Mo.–Fr. ab 11.30 Uhr, Sa./So. ab 13 Uhr

DIEBELS

Rustikale Kost mit Fleisch und Fisch, Sportübertragungen auf Großbild-Leinwänden oder gleich zum Dessert übergehen: hausgemachtes Eis!

Kleine Marktstraße 3

Tel.: (03 45) 2 12 58 84

www.diebels-am-haendelhaus.de

Tgl. ab 9 Uhr

DINNER FOR ONE

Für nur 1 Euro erhält man u. a. Weine, Baguettes, hausgemachte Suppen und Kuchen. Kartenspiele, Würfelbecher und Brettspiele sind ausleihbar.

Große Brunnenstraße 2

Tel.: (03 45) 5 32 28 27

Mo.–Fr. 9–14/19–1 Uhr, Sa. 19–1 Uhr

ENCHILADA
★ TOP-TIPP KNEIPEN, BARS

Die ehemalige Schalterhalle einer Bank bietet ein ungewöhnliches Ambiente. Regelmäßig Disco und Live-Acts.

Universitätsring 6 a

Tel.: (03 45) 6 86 77 55

www.enchilada.de

Tgl. ab 18, So. 10–15 Uhr (Brunch).

TOP-TIPPS KNEIPEN, BARS UND SZENETREFFS

ALTES POSTAMT
Liebevoll arrangierte Einrichtung in einem ehemaligen ehrwürdigen Postamt.

KAFFEESCHUPPEN
Einer der ältesten Szenetreffs, die nach der Wende in Halle aus dem Boden schossen.

ENCHILADA
Leckere Cocktails und mexikanische Küche in einem alten Bankgebäude.

CZECH
Relaxen und schmackhafte Suppen in der lauschigen Mittelstraße.

ZWEI ZIMMER, KÜCHE, BAR
Junger Szenetreff am Reileck mit Wohnzimmerfeeling.

Hauptgericht ohne Getränke €€€ ab 15 € / €€ ab 10 € / € unter 10 €

EVERGREEN

Leckeres und preiswertes Essen und Live-Musik bilden seit 10 Jahren eine gelungene Kombination.
Ludwig-Wucherer-Straße 75
Tel.: (03 45) 2 90 12 29
www.evergreen-halle.de
Mo.–Sa. ab 15 Uhr

GOSENSCHENKE

Treff für Künstler und Studenten im urigen Ambiente. Preiswerte Küche. Einmal im Monat samstags Oldiedisko.
Burgstraße 71 • Tel.: (03 45) 5 23 35 94
Mo.–Fr. 19–1 Uhr

IRISH FIDDLER

Spezialitäten der Grünen Insel und des Hauses (z. B. Guinness mit Whiskey). Regelmäßig Live-Musik und Kneipen-Quiz.

Große Ulrichstraße 37
Tel.: (03 45) 2 02 53 47
Tgl. 18–2 Uhr

KAFFEESCHUPPEN
★ TOP-TIPP KNEIPEN, BARS

Gemütliches Ambiente mit großem und beliebten Freisitz vor dem Lokal. Regelmäßig Live-Folk-Musik, Ausstellungen und Kleinkunstabende.
Kleine Ulrichstraße 11
Tel.: (03 45) 2 08 08 03
www.kaffeeschuppen.de
Mo.–Do. 9–1 Uhr, Fr. 9–2 Uhr,
Sa. 10–2 Uhr, So. 10–1 Uhr

LUCY

Die außergewöhnliche Beleuchtung verleiht der „Szenekneipe mit Kiezcharakter" ihre angenehme Atmosphäre.

Gesundes und Leckeres mit Blumenstillleben

Hauptgericht ohne Getränke €€€ ab 15 € / €€ ab 10 € / € unter 10 €

Im Sommer sitzt man gemütlich vor der Kneipe.
Burgstraße 48
Tel.: (03 45) 1 71 77 40
www.lucyhalle.de
Mo.–Do. 12–1 Uhr, Fr. 12–2 Uhr,
Sa. 17–2 Uhr, So. 10–1 Uhr

LUJAH

In gediegener Lounge-Atmosphäre lässt sich entspannen und der Feierabend bei Snacks, Pasta und einem reichhaltigen Getränkeangebot so richtig genießen.
Kleine Ulrichstraße 36
Tel.: (03 45) 4 78 99 00
www.lujah-bar.de
Mo.–Sa. 18–2 Uhr

MO'S DANIEL'S

Mit chilliger Musik, Kerzenschein, leckeren Cocktails und einer frischen Küche wird hier das Motto „Bar-Atmosphäre als Lebenskunst" gelebt.
Bernburger Straße 1
Tel.: (03 45) 6 86 98 00
www.mosdaniels.de
Tgl. 18–2.30 Uhr

STRIESES BIERTUNNEL

Gutes und preiswertes Angebot an deftigen Speisen und Budweiser vom Fass. Hier kann man den Mimen des neuen theaters (nt) und des Puppentheaters begegnen.
Große Ulrichstraße 51
Tel.: (03 45) 5 12 59 48
Mo.–Do. 18–1 Uhr, Fr./Sa. 18–2 Uhr,
So. 18–24 Uhr

THE CONNOISSEUR

Der Scottish Pub & Whiskey Store ist die Adresse für gemeinschaftliches Sportfernsehen (Fußball, Rugby etc.) oder einfach für einen echten britischen Abend.
Kleine Ulrichstraße 29
Tel.: (03 45) 9 60 95 80
Tgl. ab 11 Uhr

CAFÉ UNIKUM

Auf zwei Etagen kostenloses Billard, Tischtennis, Dart sowie regelmäßig Fußball auf Riesenbildschirmen, dazu gibt's Rock- und Punkmusik auf die Ohren.
August-Bebel-Straße 2
Tel.: (03 45) 2 02 13 03
www.unikum-halle.de
Mo.–Fr. ab 18 Uhr, Sa./So. ab 14 Uhr

ZAZIE KINO & BAR

Ob mit Kinobesuch oder ohne, das Zazie mit seinen schönen Sitzecken ist auf jeden Fall ein Tipp. Besonders hungrigen oder durstigen Cineasten werden Bestellungen auch im Kinosaal serviert.
Kleine Ulrichstraße 22
Tel.: (03 45) 7 79 28 05
Tgl. ab 19 Uhr

ZWEI ZIMMER, KÜCHE, BAR
★ TOP-TIPP KNEIPEN, BARS

Der beliebte Szenetreff am Reileck bietet neben Wohnzimmeratmosphäre auch einen schönen Freisitz im Innenhof. Regelmäßig finden Konzerte statt bzw. legen DJs auf.
Reilstraße 133 • www.myspace.com/2zkb
Tgl. ab 11 Uhr

Hauptgericht ohne Getränke €€€ ab 15 € / €€ ab 10 € / € unter 10 €

EINKAUFEN

Halle ist auch eine Einkaufsstadt. Sie hat eine rund drei Kilometer lange Shoppingmeile, die vom Bahnhof über die Leipziger Straße, den Markt, die Große Ulrichstraße bis zum Ende der Geiststraße reicht. Hier finden sich alle bundesweit etablierten Ketten. Dazwischen – vor allem auch in den umliegenden Gassen und kleinen Straßen – liegen auch etliche Geschäfte, die besondere Konfektionen und herausragende Sortimente führen. Halle hat gerade durch die Kunsthochschule eine große Anzahl von Kunstgalerien und Werkstattläden ausgewiesener Designer und Gestalter. Dazu kommen allerlei Boutiquen mit liebenswertem Schnickschnack und ausgefallenen Souvenirs. Die meisten Geschäfte öffnen zwischen 9 und 10 Uhr, die kleineren Geschäfte schließen meist um 18 Uhr, die größeren um 20 Uhr. Sonnabends ist meist bis 16 Uhr geöffnet. Eine Ausnahme bildet die kleine Shoppingmeile auf dem Bahnhof. Hier gibt es mindestens bis 22 Uhr auch an Sonn- und Feiertagen mehr als nur einfachen Reisebedarf.

GALERIEN, AUSSTELLUNGEN

★ ENTDECKER-TIPP

ANTIQUITÄTEN-GALERIE

Vielfältiges Angebot, besonders alter Schmuck, Uhren und Porzellan.
Schmeerstraße 3
Tel.: (03 45) 2 02 12 92

ATELIER DIETRICH UND FRIEDEMANN

Sehr hochwertige und prämierte Vasen, Sets und alles für den Tisch.
Kleine Ulrichstraße 20 und
Kröllwitzer Straße 33 b
Tel.: (03 45) 5 22 50 97 · (01 78) 8 00 05 51

◀ Die Kleine Ulrichstraße lädt zum Shoppen und Entspannen ein

www.halle-porzellan.de
Di.–So.

ATELIER MOJAK

Direkt aus aus der Hand der Künstlerin gibt es Halle-Souvenirs aus Keramik, Lampen, Wandbilder.
Kleine Ulrichstraße 31
Tel.: (03 45) 2 90 03 22
www.mojak.de
Di.–So.

FORUM FÜR ZEITGENÖSSISCHE KERAMIK

Ausstellungen keramischer Plastiken, Objektkunst und Rauminstallationen vor allem auch junger Künstler.
Neue Residenz, Domstraße 5
Tel: (01 78) 5 53 53 33
www.forum-fuer-zeitgenoessische-keramik.de

GALERIE DR. STELZER & ZAGLMAIER

Künstler aus Mitteldeutschland, Ausstellungen, Malerei, Grafik, Bilder, Kalender.
Große Steinstraße 57
Tel.: (03 45) 2 10 09 19
www.interartshop.de
Mo.–Fr. 13.30–18.30 Uhr

GALERIE GROSS AM ESELSBRUNNEN

Zinn, Glas, Keramik, Malerei, Grafik, Schmuck und Textilien.
Alter Markt 33
Tel.: (03 45) 2 03 35 53
http://galeriegross.de

GALERIE HAMERS UND PENZ

Grafiken zu Halle, Aquarelle und großformatige Werke in Öl.
Mittelstraße 3
Tel.: (03 45) 2 03 25 84
www.galerie-hamers-penz.de
Tgl. 11–18 Uhr

GALERIE KUNST IM KELLER

Schmuck, Malerei und Grafik in angenehmem Ambiente.
Ludwig-Wucherer-Straße 36
Tel.: (03 45) 5 20 03 22

GALERIE IM VOLKSPARK

Ausstellungsräume der Kunsthochschule Burg Giebichenstein.
Burgstraße 27 • Tel.: (03 45) 5 23 86 99
www.burg-halle.de/galerie.html

KERAMIKATELIER ALRUN REINHARDT

Übertöpfe, Schalen und Vasen. Vermietung von Gemälden hallischer Künstler.
Geiststraße 26 • www.alrun-art.de
Mo./Mi./Fr. 10–18 Uhr

KERAMIK-WERKSTATT UND GALERIE ANNE VIECENZ

Einzelstücke und Gebrauchskeramiken, restaurierte Möbel und Antiquitäten.
Kleine Ulrichstraße 7
Tel.: (03 45) 0 3 32 34

Zeitgenössische Positionen im Kunstforum Halle

KUNSTFORUM HALLE

Hochkarätige Wechselausstellungen (u. a. Malerei, Skulpturen, Design, Architektur, Medienkunst, Fotografie), Konzerte, Festivals, Lesungen und Vortragsreihen.
Bernburger Straße 8
Tel.: (03 45) 6 85 76 60
www.kunstforum-halle.de
Di./Mi./Fr. 14–17 Uhr, Do. 14–19 Uhr,
Sa./So./Feiertage 11–17 Uhr

KUNSTHALLE VILLA KOBE

Größere Kunstausstellungen aus dem deutschsprachigen Raum.
Philipp-Müller-Straße 65
Tel.: (03 45) 4 78 92 07
www.kunsthalle-halle.de
Do.–So. 14–19 Uhr

KUNST- UND RAHMENHANDLUNG WIEGAND

Vorwiegend hallische Künstler, grafische Blätter, gute Beratung.
Burgstraße 14 • Tel.: (03 45) 6 84 55 17

ROSENBURG, CAFÉ & KUNSTRAUM

Ruheoase mit Biosäften und fairem Kaffee, selbst gebackenem Kuchen.
Collagen, Grafiken, Fotografien, Skulpturen und sogar Kleider.
Adolfstraße 10 • Tel.: (01 78) 8 02 63 45

ZEITKUNSTGALERIE

Meist hallische Künstler, Absolventen der Kunsthochschule, Ausstellungen, Keramik.

Kleine Marktstraße 4
Tel.: (03 45) 2 02 47 78
www.zeitkunstgalerie.de
Di.–Fr. 11–13.30, 14–19 Uhr,
Sa. 10–15 Uhr

TEMPORÄRE GALERIEN

Junge, neue Positionen, Happenings und Veranstaltungen (Stand April 2010)

GALERIE DIESCHÖNESTADT

Am Steintor 19
www.dieschoenestadt.de

GALERIE NORD

Bernburger Straße 14
Tel.: (03 45) 6 86 77 91
www.galerie-nord.com

GALERIE SALONFÄHIG

Triftstraße 19 a
www.galerie-salonfaehig.de

RAUM HELLROT

Mühlweg 22
(Eingang Bernburger Straße)
Tel.: (03 45) 9 59 05 28
www.raum-hellrot.de

UFO GALERIE UND KUNSTRAUM

Adam-Kuckhoff-Straße 30
Tel.: (01 76) 70 05 84 70
www.ufogalerie.com

MODE UND MEHR

BONNIE & KLEID

Mode für Individualistinnen, Unikate, bekannte Marken, u. a. Aldo und Lucifer.
Kleine Ulrichstraße 24

DIE GARDEROBE – ERSTE MARKEN AUS ZWEITER HAND

Luxus muss nicht teuer sein! Edelmarken, u. a. Armani, D & G, Ferré, Gucci, Marc Cain, Strenesse, Versace, kann man entspannt in der „Garderobe" anprobieren.
Graseweg 3 • Tel.: (03 45) 2 08 31 00
www.diegarderobe-halle.de
Mo.–Fr. 12–18 Uhr, Sa. 11–14 Uhr

GEWANDHAUS – JUNGE DESIGNER HALLE

Schicke Mode hallischer Textilgestalter plus ausgesuchte Labels, in Halle nur hier.
Kleine Klausstraße 2

KLAMOTTENKAFFEE „NIRO"

Edle Teile aus dem oberen Preissegment. Guter Platz für trendigen Kaffeeklatsch.
Kleine Ulrichstraße 24
Mo.–So. 10–20 Uhr

LEDER-MANUFAKTUR

Taschen, Accessoires, Anfertigungen nach Wunsch, Restaurierungen.
Kuhgasse 6 • Tel.: (03 45) 6 81 61 05
www.ledermanufaktur-zimmermann.de

MAMALINA – DESIGNATELIER

Pfiffiges und Fröhliches aus Stoff, auch für Einschulung oder Hochzeit.
Dachritzstraße 6 • Tel.: (01 79) 5 11 61 52
www.mamalina.de

ROMY KRAFT. FASHION & ACCESSOIRES

Kollektionen und Accessoires mit Spezialisierung auf Gamaschen und iPod-Taschen.
Graseweg 2 • Tel.: (01 70) 4 70 57 29
www.romykraft.de

SCHILDBACH MODEDESIGN

Für die ganz besonderen Tage im Leben: individuelle Braut- und Festmoden.

Exklusive Designer für den normalen Geldbeutel in der „Garderobe"

Kleine Ulrichstraße 18 a
Tel.: (03 45) 5 48 33 67

SIEBENSCHÖN

Kleidung für Frauen und Kinder, farbenfroh, unverwechselbar, eigenes Label.
Kleine Ulrichstraße 7

STILBRUCH

Skurrile Tassen, Regenschirme, Taschen, „Satteltiere" (für Fahrräder), Raumdekor.
Kleine Ulrichstraße 20
Tel.: (03 45) 4 78 13 31
www.stilbruch-halle.de

SUSAN KOTTWITZ DESIGN

Für Frauen, die gern etwas Besonderes tragen. International bekanntes Label.
Große Klausstraße 15
Tel.: (03 45) 4 78 88 49
www.susan-kottwitz.de

MUSIK

GEIGENBAUATELIER J. P. SCHADE

Reparatur, Restauration und Handel.
Ludwig-Wucherer-Straße 3
Tel.: (03 45) 2 00 35 70
www.schade-geigen.de

GEIGENBAUMEISTER RIES

Neubau, Reparatur, Handel & Vermietung, Historische Streichinstrumente.
Domplatz 6 • Tel.: (03 45) 2 08 22 65
www.ries-geigenbau.de

INSTRUMENTENBAU DUDDA UND LEDFUSS

Restauration, Vermietung, Verkauf und Neubau von Geigen, Bratschen und Celli.
Barfüßerstraße 9 • Tel.: (03 45) 52 50 98 49
www.michael-ledfuss.de

SCHMUCK

ATELIER JAKOB

Entwurf und Anfertigung von Schmuck, Malerei, Grafik und Kleinplastik.
Mittelstraße 6 • Tel.: (03 45) 2 03 44 04

GALERIE TRAUDICH

Zwei Designer bieten Eleganz in großer Vielfalt an Formen und Materialien.
Kleine Ulrichstraße 18 a
Tel.: (03 45) 6 86 70 02
www.designschmuck-unikatschmuck.de

GALERIE UNIKAT

Anhänger, Ringe, Broschen aus Rinderhorn, zumeist aus eigener Werkstatt.
Harz 1 • Tel.: (03 45) 3 88 06 20

HARRIET BÜNNING

Farbig, frisch und frech, meist einfache, aber ansprechende Materialien.
Geiststraße 45 • www.schmuckhb.de

PERLHUHN

Alles mit Loch zum Auffädeln, Sammeln und Gestalten.
Bernburger Straße 14
Tel.: (03 45) 6 82 09 30
www.perlhuhn.biz

SCHMUCKATELIER ANTJE WEYRICH

Wunderschönes Ambiente mit Skulpturen und kleinen Ateliers.
Große Ulrichstraße 36 (Lukashof)
Tel.: (03 45) 2 00 28 88

SCHMUCKWERKSTATT CLAUDIA BAUGUT & SILVIA NAGEL

Unikate aus Silber, aber auch aus einfacheren Materialien.
Graseweg 6 • Tel.: (03 45) 2 02 61 18

SCHMUCKWERKSTATT GRAF

Ambitionierte Ringe, Reife und Halsschmuck, „faires" Gold.
Adam-Kuckhoff-Straße 20
Tel.: (03 45) 9 59 65 73
www.gunthergraf.de

SCHMUCKWERKSTATT THURID P. ULRICH

Ketten, Reife und Ringe: Eigene Anfertigungen, Reparaturen und Änderungen.
Breite Straße 3 • Tel.: (03 45) 3 88 18 74
www.schmuckwerkstatt-ulrich.de

SOUVENIRS

BIOTOPIA

Bio-Lebensmittel, u. a.Produkte vom Hof Greifenhagen im Mansfelder Land.
Kleine Ulrichstraße 18 a

CATAPULT

Originelle Mitbringsel, u. a. Hochprozentiges in eigenen Abfüllungen.

Große Ulrichstraße
(Stadtcenter Rolltreppe)

DIE BLECHTROMMEL & DAS SCHOKOLÄDCHEN

Süßes und Verspieltes für Sentimentale und Romantiker.
Kleine Ulrichstraße 24 b

DIE ZAHNBÜRSTE

Alles rund um die Zahnpflege. Originelle Geschenke für Jung und Alt.
Leipziger Straße 85

FILZATELIER WUNDER-WERKE-WOLLE

Vasen, Schalen, Figuren, Taschen, Hüte, Pulswärmer, Objekte.
Ludwig-Wucherer-Straße 43
Tel.: (01 79) 3 15 72 56
www.fischersfilze.de

LEBERECHT FILZ-ATELIER

Bekleidung, Taschen, Hüte, Accessoires, Schals, Wohnaccessoires.
Richard-Wagner-Straße 52
Tel.: (03 45) 6 82 41 44
www.leberecht-filz-atelier.de

SCHNICKSCHNACK

Wie der Name sagt: tausend nette Kleinigkeiten zum Verschenken.
Kleine Ulrichstraße 18

TOURISTINFORMATION HALLE

Souvenirs, Bücher, CDs, Postkarten, T-Shirts und Wein aus der Region.
Markt 13, Marktschlösschen

AM ABEND UND IN DER NACHT

THEATER UND KLEINKUNST

DIE KIEBITZENSTEINER

Politisch-satirisches Kabarett mit Solo- und Ensembleprogrammen. Im Sommer kann man anschließend noch im Biergarten verweilen.
Große Brauhausstraße 5/6
Tel.: (03 45) 2 02 25 52
www.kiebitzensteiner.de

HALLESCHE KULTURREEDEREI

Die Kulturreederei bietet (Klein-)Kunst in allen Formen und für jede Generation, von Schauspiel über Comedy bis hin zu Musik. Lokale Bekanntheit hat inzwischen vor allem das Fortsetzungsimprovisationstheater 240warm erlangt. Spielstätte ist i.d.R. das Circus Varieté (Große Steinstraße 30).
Reichardtstraße 17
Tel.: (03 45) 2 08 41 73
www.kulturreederei.de

NEUES THEATER

Zeitgenössisches Schauspiel, aber auch Inszenierungen klassischer deutscher und europäischer Autoren.
Große Ulrichstraße 50
Tel.: (03 45) 2 05 02 22
www.buehnen-halle.de

OPERNHAUS

Das einzige Opernhaus des Landes Sachsen-Anhalt. Es verfügt über die Sparten Ballett, Operette und Musical. Zudem kommen auch regelmäßig international bekannte Künstler der Jazz-Szene in der Oper vorbei.
Universitätsring 26 • Tel.: (03 45) 2 05 02 22
www.buehnen-halle.de

PUPPENTHEATER DER STADT HALLE

Preisgekrönte Bühne mit Inszenierungen verschiedener Aufführungsstile für alle Altersgruppen.
Universitätsplatz 2
Tel.: (03 45) 2 05 02 22
www.buehnen-halle.de

SCHILLER-BÜHNE

Das private Wander-Theaterunternehmen versucht als Theater finanziell unabhängig und selbstständig zu wirtschaften. Die Darsteller finanzieren sich selbst. Geboten werden die unterschiedlichsten Schauspiele.
Hafenstraße 31–33
Tel.: (03 45) 3 88 04 74
www.schillerbuehne.de

STEINTOR-VARIETÉ

Traditionsreiches und ältestes Varieté Deutschlands. Kein festes Ensemble, aber zahlreiche Gastspiele renommierter deutscher und internationaler Künstler. Am Steintor 10 • Tel.: (03 45) 2 09 34 10 www.steintor-variete.de

THALIA THEATER

Schaubühne für die junge Generation mit breit gefächertem kinder- und jugendpädagogischem Begleitprogramm. Kardinal-Albrecht-Straße 6
Tel.: (03 45) 20 40 50
www.thaliatheaterhalle.de

THEATER APRON

Reise- und Wandertheater ohne eigenes Haus. Hier agieren neben Profis vornehmlich Studenten. Im Sommer regelmäßig Freilufttheaterstücke in Halle.

VORVERKAUFSKASSEN

ZENTRALE THEATER- UND KONZERTKASSE
Große Ulrichstraße 50
Tel.: (03 45) 2 05 02 22
theaterkasse@buehnen-halle.de
Mo.–Sa. 10–20 Uhr

TIM TICKET – IN DER GALERIA KAUFHOF PASSAGE
Am Markt 20/21
Tel.: (03 45) 2 02 97 71
www.tim-ticket.de
Mo.–Sa. 9–20 Uhr

TICKETGALERIE IM STADTCENTER ROLLTREPPE
Große Ulrichstraße 60
Tel.: (03 45) 68 88 68 88
www.ticketgalerie.de
Mo.–Fr. 10–20 Uhr, Sa. 10–18 Uhr

Große Steinstraße 54/55
Tel.: (03 45) 2 03 42 34 • www.apron.de

THEATERHAUS ANNA-SOPHIA

Traditionelles Puppentheater für Kinder ab vier Jahren. Hauptsächliches Medium sind deutsche und böhmische Marionetten, vollplastische Tischfiguren und Schattenspielfiguren. Neben den Vorstellungen gibt es auch Werkstattveranstaltungen und Kindertheatergruppen sowie Vortragsabende.
Wittenberger Straße 24
Tel.: (03 45) 20 90 129
www.figurentheater-anna-sophia.de

KONZERT

GEORG-FRIEDRICH-HÄNDEL HALLE

Die moderne Mehrzweckhalle ist Hauptspielstätte der Staatskapelle Halle und bietet regelmäßig Gastspiele bekannter Solisten und Ensembles.
Salzgrafenplatz 1 • Tel.: (03 45) 47 22 47
www.haendel-halle.de

KONZERTHALLE ULRICHSKIRCHE

Auftritte internationaler Solisten und Chöre, Orgelkonzerte, Jazz-, Folk- und Gospelveranstaltungen.
Leipziger Straße 26
Tel.: (03 45) 2 21 30 21 • www.halle.de

STAATSKAPELLE HALLE

Im In- und Ausland bekannt und ge-schätzt ist die Staatskapelle Halle. Auf-führung klassischer sinfonischer und vo-kaler Werke sowie neuer Musik, Musicals und Konzerte. Zum Ensemble gehören u. a. das Händelfestspielorchester und das collegium instrumentale halle.
Joliot-Curie-Platz 27
Tel.: (03 45) 2 05 02 22
www.buehnen-halle.de

VERANSTALTUNGSTIPPS
www.kulturfalter.de
www.veranstaltungskalender.halle.de
www.halleforum.de

CASINO

SPIELBANK HALLE

Klassisches American Roulette und Black Jack.
Franckestraße 1
(K & K Kultur- und Kongresszentrum)
Tel.: (03 45) 22 56 0
www.spielbanken-sa.de
Tgl. 13–3 Uhr (Automaten)
19–3 Uhr (Roulette/Black Jack)

KINO

CAPITOL

Das Programmkino mit Barbetrieb und Biergarten am Haus bietet neben ausge-wählten Filmen regelmäßig Oldie-Tanz (Sa. ab 20 Uhr) und Konzerte.
Lauchstädter Straße 1 a
Tel.: (03 45) 4 44 43 44
www.capitol-halle.de

CINEMAXX

Modernes Multiplex-Kino mit 10 Sälen (auch 3-D), ständig die neusten nationa-len und internationalen Filme.
Charlottenstraße 8 (Charlottencenter)
Tel.: (0 18 05) 24 63 62 99
www.cinemaxx.de

LUX.KINO AM ZOO

Oft ausgezeichnetes Programmkino u. a. mit Premieren (z. T. in Anwesenheit der Regisseure und/oder Darsteller), Retro-spektiven, Themenwochen. Das LUX ist weiterhin Austragungsort des internati-

onalen, jährlich stattfindenden Kurzfilm-festivals Shortmoves.
Seebener Straße 172
Tel.: (03 45) 5 23 86 31 • www.luxkino.de

LUX.PUSCHKINO
Kleines Programmkino, Zweigstelle des Lux-Kinos am Zoo.
Kardinal-Albrecht-Straße 6
Tel.: (03 45) 2 04 05 68 • www.luxkino.de

THE LIGHT CINEMA
In 8 großen Kinosäle (2 voll digitalisiert), z. T. Filme in 3-D digital.
Neustädter Passage 17 d
Tel.: (03 45) 20 93 90 • www.lightcine-mas.de

ZAZIE
Kleines Programmkino (oft originalspra-chig) mit angeschlossener Bar.
Kleine Ulrichstraße 22
Tel.: (03 45) 7 79 28 05 • www.kino-zazie.de

DISKOTHEKEN

DRUSHBA-TANZCLUB
Am Wochenende gibt es Konzerte und Independent-Disco für jüngeres Publi-kum im Großen Thalia-Theater.
Kardinal-Albrecht-Straße 6
www.klubdrushba.de

EASY SCHORRE
Hier spielte schon Nirvana. Nach Total-umbau 2010 wiedereröffnet. Pop- und Rockkonzerte, Mottopartys, Disko.

Phillip-Müller-Straße 77/78
Tel.: (03 45) 21 22 40
www.easyschorre.de

FLOWER POWER
Im ehemaligen Kino „Urania 70" gibt es Disco (Eintritt frei), Filmabende und Gastspiele.
Moritzburgring 1
Tel.: (03 45) 6 88 88 88
www.urania70.com

OBJEKT 5
Der Konzerttipp in Halle: Mehrere Live-Gigs pro Woche von Blues bis Ethno zu erschwinglichen Preisen. Fr./Sa. Disco.
Seebener Straße 5
Tel.: (03 45) 47 82 33 67
www.objekt5.de

Zum Rockkonzert oder Tanzen gehen?

TANZBAR PALETTE

Live-Konzerte, Partys und Afterwork-Feeling in der Havana-Club Lounge, vorrangig für jüngeres Publikum.
Große Nikolaistraße 9–11
Tel.: (03 45) 2 09 08 90
www.tanzbar-palette.de

TURM

Seit mehr als 30 Jahren wird in dem früheren Studentenklub gefetet, was das Zeug hält: Techno, Hip-Hop, Rock, Oldienacht, Jazz, Gothic-Party, Poetry Slams u. v. m.
Friedemann-Bach-Platz 5
Tel. (Klub): (03 45) 20 37 37
www.turm-net.de

HALLE ALTERNATIV

BLUE VELVET

Älteste Gaylocation der Stadt, kleine Bar mit gelegentlichen Travestie-Shows & Live-Auftritten. Ideal für Szene-Klatsch.
Alter Markt 29
Tel.: (03 45) 2 09 76 98
Mo.-Fr. ab 16 Uhr, Sa., So. ab 12 Uhr

PE1 DISCO

An verschiedenen Themenabenden auch Gay and Lesbian Disco.
Großer Sandberg 10
Tel.: (01 52) 04 68 82 27
www.pe1disco-halle.de
Mi./Fr./Sa. ab 22 Uhr

WEIBERWIRTSCHAFT

Beratungs-, Kommunikations- und Kulturzentrum für Frauen, mit Café, Bibliothek, Galerie und vielen Veranstaltungen.
Karl-Liebknecht-Straße 34
Tel.: (03 45) 2 02 43 31
www.weiberwirtschaft-halle.de
Di. 10–15 Uhr, Mi.–Fr. 12–16 und Fr. auch 20–24 Uhr

BLACK ANGEL

Außergewöhnlich dekorierte Räumlichkeit für tolerante Menschen, SM-Stammtisch, Fetisch-Spieleabend, Lesungen.
Ludwig-Wucherer-Str. 42
Tel.: (01 71) 6 72 63 19
www.blackangel-halle.de
Di.-Fr. 20–2 Uhr, Sa. 21–3 Uhr

VL (KELLNERSTRASSE E. V.)

Selbstverwaltetes, alternatives, linkes Wohn- und Kulturprojekt, Kneipe, Konzerte, Lesungen, Diskos, Partys, Infoladen mit Bibliothek u. v. m.
Ludwigstraße 37
www.ludwigstrasse37.de
Tel. 03 45/1 71 59 73
Tgl. 20–1 Uhr

REIL 78

Subkulturelles, politisches Zentrum für Partys, Konzerte und Filme, aber auch Aktionstheatergruppe, Antifaplenum, Trommeln und Selbstverteidigung.
Reilstrasse 78 • Tel.: (03 45) 5 48 38 52
www.reil78.de
Tgl. ab 19 Uhr

SPORT UND FUN

BOWLING

AMERICAN BAR & BOWLING
Augustastraße 5 • Tel.: (03 45) 2 00 35 95
www.bowling-halle.de

ANKERHOF, BOWLINGBAR
Ankerstraße 2 • Tel.: (03 45) 2 32 32 00
www.ankerhofhotel.de

BOWLING STAR
Delitzscher Straße 63 a
Tel.: (03 45) 56 63 93
www.bowling-star.de

SCHWIMMEN

ERLEBNISBAD MAYA MARE
Das Mexikanische Bade- und Saunaparadies bietet auf über 1.300 m² vielfältige Möglichkeiten für Spaß (440-m-Wasser-Rutschen, Riesenwellen) und Wellness (Unterwassermusik, Aqua-Gymnastik) für alle Altersgruppen.
Am Wasserwerk 1
Tel.: (03 45) 74 21 00 • www.mayamare.de
Straßenbahn: 1, 2 (Endstation Beesen)
Parkplatz: 300 Parkplätze vor dem Bad Mo.–Mi. 9–22 Uhr, Do.–So. 10–23 Uhr, Saunadorf: tgl. 10–23 Uhr

FREIBAD HEIDESEE
Am Heidebad 10
Tel.: (03 45) 6 90 27 03

FREIBAD NORDBAD
Am Nordbad 12
Tel.: (03 45) 5 23 40 85

FREIBAD SALINE
Mansfelder Straße 50
Tel.: (03 45) 2 83 20 47

NATURBAD ANGERSDORFER TEICHE
Naumburger Straße
Tel.: (03 45) 6 90 24 28

SCHWIMMHALLE SALINE
Mansfelder Straße 50
Tel.: (03 45) 21 25 79 11

SCHWIMMHALLE HALLE-NEUSTADT
An der Schwimmhalle 4
Tel.: (03 45) 2 21 23 37

STADTBAD
Schimmelstraße 1
Tel.: (03 45) 2 21 49 05 oder 2 21 49 06

WASSERSPORT

BOOTSVERLEIH HALLE
Verleih von Paddelbooten, Kanus, Motorbooten; Rundflüge sind auch buchbar.
An der Ziegelwiese
Tel.: (03 45) 20 36 90 87
www.bootsverleih-halle.de

KULTURKALENDER

FEBRUAR
FESTIVAL WOMEN IN JAZZ

Konzerte bekannter Künstlerinnen, Ausstellungen, Filmnächte u. v. m.
www.womeninjazz.de

HAPPY BIRTHDAY HÄNDEL

Traditionelles musikalisches Fest in den Tagen um den Geburtstag des Komponisten (23. Februar)
www.happy-birthday-handel.de

MAI
MUSEUMSNACHT

An einem Sonnabend besteht die Möglichkeit, die Museen der Stadt bis Mitternacht zu besuchen, dazu begleitende Veranstaltungen.
www.halle.de

INTERNATIONALES KINDERCHORFESTIVAL

Mehrtägiges traditionelles Treffen von Kinderchören aus aller Welt, mit Konzerten auf Straßen und Plätzen.
http://jw-frohe-zukunft.de

HANSEFEST

Ein Stadtfest auf der Saale, mit allem, was zum Wassersport gehört, also Drachenbootrennen, kühne „See"-Manöver und allerlei Allotria.
www.hallescheshansefest.de

JUNI
HÄNDEL-FESTSPIELE

Alljährlich am Monatsanfang findet eines der wichtigsten internationalen Musikfestivals statt. Mit neuen Inszenie-

---

EXTRATIPP: SPAREN BEIM SEHEN UND ERLEBEN

Die Welcome Card der Stadt Halle wartet mit 36 attraktiven Angeboten von 34 Partnern auf. Mit ihr können die Gäste nicht nur Straßenbahnen und Busse der Halleschen Verkehrs-AG (HAVAG) nutzen, sie sparen auch bei vielen kulturellen, touristischen und gastronomischen Einrichtungen: Beim Besuch der Oper, der Theater, der Museen, des Zoos und auch der großen Kinos werden Vergünstigungen gewährt, ebenso in vielen Gaststätten und „Kneipen" – wer sich bei seinem Besuch in der Händelstadt für die Welcome Card entscheidet, kann bis zu 130 Euro sparen.

Die Karte gibt es in der Tourist-Information im Marktschlösschen, in den HAVAG Service Centern, im Maritim Hotel Halle, Dorint Charlottenhof Halle und weiteren Hotels. Die Tageskarte für eine Person kostet 7,50 Euro, die für bis zu fünf Personen 12,50 Euro. Wer sich für die Drei-Tage-Karte entscheidet, zahlt 15,00 Euro. (Stand: März 2010)

Weitere Informationen gibt es unter www.halle.de, www.stadtmarketing-halle.de und in der Tourist-Information.

rungen von Händels Opern und Konzerten, Feierstunden, Festgottesdiensten sowie wissenschaftlichen Konferenzen. www.haendel-in-halle.de

LINDENBLÜTENFEST

In den Franckeschen Stiftungen treffen sich alle zwei Jahre am letzten Wochenende Schauspieler, Musiker und viele kreative Künstler; sie gestalten das Fest unter dem Motto des jeweiligen Themenjahrs der Stiftungen.
www.franke-halle.de

KNOBLAUCHSMITTWOCH

Ein traditionelles eintägiges Fest mit Umzug und allerlei Trubel, bei dem die scharfen Knollen im Mittelpunkt stehen.
www.ifhas.de/knoblauchsmittwoch

JULI
LANGE NACHT DER WISSEN-SCHAFTEN

Am ersten Wochenende laden Institute der Universität und anderer Forschungseinrichtungen zur Besichtigung und zu Vorträgen ein.
www.wissenschaftsnacht-halle.de

AUGUST
LATERNENFEST

Letztes Wochenende auf der Peißnitzinsel, der Ziegelwiese und dem Riveufer bis zur Burg Giebichenstein. Höhepunkte sind der Bootskorso auf der Saale, das Fischerstechen sowie das Höhenfeuerwerk an der Burg Giebichenstein.
www.halle.de • www.laternenfest-ev.de

NACHT DER KIRCHEN

Einmal im Jahr sind eine Nacht lang etwa 50 Kirchen, Gemeindehäuser und Synagogen in Halle und in einigen Gemeinden des Saalekreises für Besucher geöffnet.
www.kirche-in-halle.de

SEPTEMBER
TAG DES OFFENEN DENKMALS

Jährlich an einem Sonntag besteht Gelegenheit, sonst nicht zugängliche Gebäude, Anlagen und Sammlungen der Stadt zu besichtigen. Dazu zählen die historischen Wassertürme und die „Blauen Spitzen" der Marktkirche.
www.tag-des-offenen-denkmals.de

SALZFEST DER HALLOREN

Jeweils am letzten Wochenende in der Innenstadt. Fahnenschwenken auf dem Markt mit mittelalterlichem Treiben und Schausieden in der Saline. Zum Fest gehört auch das Fischerstechen auf der Saale.
www.hallesches-salzfest.de

DEZEMBER
WEIHNACHTSMARKT

Anfang des Monats bis etwa vier Tage vor dem Heiligen Abend: Rings um die Riesentanne wogt die Menge zwischen liebevoll geschmückten Hütten. Viele, oft regionaltypische Speisen und Getränke. Anziehungspunkt ist eine Kunsteisbahn am Roten Turm.
www.weihnachtsmarkt-halle.de

Der Audioguide für Halles Innenstadt

Eine individuelle Führung gefällig? – Dann laden Sie sich einfach unseren neuen Audioguide für Halles Innenstadt direkt auf Ihr Handy oder Ihren MP3-Player. In einem Rundgang führt Sie der Audioguide zu allen wichtigen Punkten in der halleschen Innenstadt und macht Geschichte und Gegenwart vor Ort erlebbar.

So wird's gemacht:

1. Rufen Sie die Seite www.**mitteldeutscherverlag.de** auf.
2. Wählen Sie den Menüpunkt „Audioguide".
3. Folgen Sie den Anweisungen auf dem Bildschirm und geben Sie das Passwort ein.

Ihr Passwort:  Giebichenstein

Gratis-Download für Nutzer des Stadtführers ab 01.10.2010 unter www.mitteldeutscherverlag.de

NEU

HALLE (SAALE)

HALLE (SAALE)

HÄNDELSTADT Auf den Spuren des Meisters MORITZBURG Kunstmuseum mit Brücke-Sammlung KUNST UND DESIGN Shops und Ateliers hallescher Künstler HALLE KOMPAKT Die Top 10 der Stadt SAALE Leben und Genuss am Fluss

INFORMATIONS-ABC

ANREISE

Mit dem Auto: Halle besitzt Anbindungen an die Autobahnen A 9 (München–Nürnberg–Berlin) und A 14 (Magdeburg–Dresden). Die A 38, die den Großraum Halle–Leipzig mit der A 7 zwischen Göttingen und Kassel verbindet, entlastet die ebenfalls aus Richtung Westen kommende B 80.

Mit der Bahn: In Halle kreuzen sich drei Hauptstrecken: Berlin–Leipzig, Berlin–Erfurt–Frankfurt am Main, Schwerin–Magdeburg–Leipzig. Leipzig und Halle betreiben gemeinsam eine Städteschnellverbindung im Halbstundentakt. Dazu kommen wichtige Nebenverbindungen in den Harz und in den Elberaum. Fahrplanauskunft: (08 00) 1 50 70 90 www.bahn.de

Mit dem Flugzeug: Der innerdeutsche Flugverkehr ist auf dem Mitteldeutschen Interkontinentalflughafen Leipzig–Halle noch gering entwickelt. Tägliche Verbindungen bestehen nach München und Hamburg. Vom Terminal ist Halle über die Autobahn in 15 Minuten zu erreichen. S-Bahnen zwischen Leipzig und Halle verkehren im 30-Minuten-Takt. Sie halten direkt am Flughafen. www.leipzig-halle-airport.de
Mit dem Boot: Anlaufstelle für Wassertouristen ist der Stadthafen. Er verfügt über Stromanschlüsse an den Liegeplätzen, Toiletten und Duschen. Der Hafen wird durch einen Hafenmeister betreut und ist von April bis Oktober geöffnet.
Hafenstraße 25
Kontakt Hafenmeister:
(01 60) 96 91 72 77
www.stadthafen-halle.de

APOTHEKEN-NOTDIENST

Tel.: (08 00) 2 28 22 80 (kostenfrei aus dem Festnetz und vom Mobiltelefon).

FEIERTAGE

1. Januar: Neujahr; 6. Januar: Heilige drei Könige; Ostern; 1. Mai: Maifeiertag; Christi Himmelfahrt; Pfingsten; 3. Oktober: Tag der Deutschen Einheit; 31. Oktober: Reformationstag; 25./26. Dezember: Weihnachten

INFORMATION

FUNDBÜRO
Am Stadion 6
Tel.: (03 45) 2 21 12 36
Mo./Mi./Fr. 9–12 Uhr, Di. 9–18 Uhr, Do. 9–15 Uhr

HAVAG: SERVICE-CENTER

Marktplatz 11
www.havag.com
Mo.–Fr. 8–19 Uhr, Sa. 9–14 Uhr

TOURIST-INFORMATION

Marktplatz 13 (Marktschlösschen)
Tel.: (03 45) 1 22 99 84
info@stadtmarketing-halle.de
www.stadtmarketing-halle.de
Mo.–Fr. 9–18 Uhr, Sa. 10–15 Uhr

NOTRUF

Polizei: 1 10
Feuerwehr: 1 12
ADAC: (01 80) 2 22 22 22
Giftnotruf (u. a. für Sachsen-Anhalt):
(03 61) 73 07 30
Kassenärztlicher Notfalldienst:
8 07 01 00
Zahnärztlicher Notfalldienst (Halle):
(03 45) 68 10 00

POLIZEI

AMT MITTE

Große Brauhausstraße 28
Tel.: (03 45) 2 24 45 00

POST

HAUPTPOST

Ernst-Kamieth-Straße 2 b
Mo.–Fr. 5–19 Uhr, Sa. 8–19 Uhr

POSTAMT AM JOLIOT-CURIE-PLATZ

Große Steinstraße 72
Mo.–Fr. 9–18.30 Uhr, Sa. 9–12 Uhr

TAXI

Tel.: (03 45) 1 20 20 20
Tel.: (03 45) 52 52 52
Tel.: (03 45) 21 21 21

TELEFON

Vorwahl nach Halle: 03 45
Vorwahl nach Halle aus dem Ausland:
00 49 + (3 45)
Vorwahl nach Österreich: 00 43
Vorwahl in die Schweiz: 00 41
Inlandsauskunft (dt., 24 h): 1 18 33
Inlandsauskunft (engl., 24 h): 1 18 37
Auslandsauskunft (24 h): 1 18 34

ZEITUNGEN, MAGAZINE

Regionale Tageszeitung ist die *Mittel-deutsche Zeitung* (www.mz-web.de).
Monatlich erscheinende kostenlose
Stadtmagazine mit Veranstaltungsteil
sind *Frizz* (www.halle-frizz.de), *Blitz!*
und *Aha* (www.aha-alleshalle.de). Sie
liegen u. a. in Kneipen, Cafés, Kinos und
bei den Ticket-Vorverkaufsstellen aus.
Dort gibt es auch den *Kulturfalter*, eine
Veranstaltungsvorschau.

REGISTER

ABBILDUNGSNACHWEIS

Beatles Museum: 49

Matthias Behne: 7, 8, 123, 136

Dorint Hotel Charlottenhof: 120

Fotolia: 1, 148

Kurt Fricke: Cover, S. 2/3, 4 (Händel-Haus, Kunstmuseum Moritzburg, Franckesche Stiftungen), 5 (Porträt des Hamer Frunt in der Moritzkirche, auf dem Stadtgottesacker, Burg Giebichenstein, Jaguar im Bergzoo, Galerie Groß), 8, 9, 11, 13, 14, 18, 19, 20, 21, 22, 24, 30, 31, 34, 35, 37, 38, 39, 42, 43, 46, 47, 48, 50, 54, 55, 56, 57, 58, 59, 61, 62, 63, 64, 71, 75, 76, 77, 78, 79, 80, 83, 85, 86, 87, 92, 95, 96, 97, 98, 99, 103, 105, 107, 109, 119, 138

Die Garderobe: 142

Gedenkstätte ROTER OCHSE Halle (Saale): 73

Gunter George: 110

Klaus E. Göltz: 89, 90

Hallesches Brauhaus: 127

Halloren Schokoladenfabrik AG: 5, 44/45

Kunstforum Halle: 140

Kunstverein „Talstraße": 81

Landesamt für Denkmalpflege und Archäologie Sachsen-Anhalt/Landesmuseum für Vorgeschichte (Foto: Juraj Lipták): 4 (Modell eines Urzeitmenschen), 67, 69

Maritim Hotel Halle: 120

Ökoase: 130

Stadtarchiv Halle: 111, 112, 113, 116, 117, 118

Andreas Stedtler: 147

Stiftung Moritzburg: 28 (Foto: Ludwig Rauch)

Hallesche Museen: 4 (Hallore im Salinemuseum), 53, 100, 101 (Fotos: Thomas Ziegler), 115

Theaterhaus Anna-Sophia: 146

Wenzel Prager Bierstuben: 129

Thomas Ziegler: 26/27

Werner Ziegler: 91

Cover: Marktplatz mit Rotem Turm und Marktkirche (Foto: Kurt Fricke)

Umschlagfotos hinten: Himmelsscheibe von Nebra im Landesmuseum für Vorgeschichte (Landesamt für Denkmalpflege und Archäologie Sachsen-Anhalt/Landesmuseum für Vorgeschichte, Foto: Juraj Lipták); Nilkrokodil im Zoo; Blick über den Markt zum Ratshof (Fotos: Kurt Fricke)

Innenaufnahmen mit freundlicher Genehmigung des Botanischen Gartens, der Communität Christusbruderschaft Kloster Petersberg, der Evangelischen Marktkirchengemeinde Halle (Saale), der Evangelisch Reformierten Domgemeinde zu Halle, der Franckesche Stiftungen zu Halle, des Gemeindeverbundes Halle-Mitte, der Stiftung Händel-Haus, der Stiftung Moritzburg – Kunstmuseum des Landes Sachsen-Anhalt, der Tempelhof Gut Mücheln Freunde e. V.

DR. MICHAEL PANTENIUS,
geb. 1938, Kulturwissenschaftler, Historiker. Arbeitete als Werbe- und Presseleiter bei Buchverlagen, Feuilletonchef einer Tageszeitung, Lektor und Redakteur, lebt bei Halle, zahlreiche Veröffentlichungen zu Halle und zur Geschichte und Kulturlandschaft Mitteldeutschland.

Haftungsausschluss
Die Angaben in diesem Reiseführer wurden gewissenhaft überprüft. Für die Aktualität, Korrektheit und Vollständigkeit übernimmt der Autor keine Haftung.
Der Autor distanziert sich aus rechtlichen Gründen von allen Inhalten der aufgeführten Internetseiten. Auf aktuelle und zukünftige Gestaltung, die Inhalte oder Urheberschaft der angeführten Internetseiten hat der Autor keinen Einfluss.

Redaktionsschluss: Mai 2010

Kartengrundlagen: Ausschnitte aus dem Amtlichen Stadtplan der Stadt Halle (Saale), Stadtvermessungsamt
Umgebungskarte Halle (106): 2D-Grafik-Design

3., verbesserte, aktualisierte und neu gestaltete Auflage, 2010
© mdv Mitteldeutscher Verlag GmbH, Halle (Saale)
www.mitteldeutscherverlag.de

Gesamtherstellung: Mitteldeutscher Verlag, Halle (Saale)

ISBN 978-3-89812-728-8

Printed in the EU